HISTOIRE

DES

PHILOSOPHES ANCIENS.

TOME III.

HISTOIRE

DES

PHILOSOPHES ANCIENS,

Jusqu'à la renaissance des Lettres,

AVEC LEURS PORTRAITS.

Par M. SAVÉRIEN.

***

TOME TROISIEME

***

A PARIS,

Chez F. Amb. Didot, aîné, Libraire & Imprimeur, rue
Pavée, près du quai des Augustins, à la Bible d'or.

***

M. DCC. LXXII.

Avec Approbation, & Privilege du Roi.

ANTISTHENE.

M.lle Cl. Reydellet del.

Dupréel Sc.

HISTOIRE

DES

ANCIENS PHILOSOPHES.

MÉTAPHYSICIENS, MORALISTES, ET LÉGISLATEURS.

ANTISTHENE.*

Toutes les sectes ont cela de commun, dit l'Auteur du *Mémoire sur les Sectes Philosophiques* (1), que leur Sage

aspire à se rendre heureux. C'est en effet
le but que l'homme doit se proposer en
réglant ses mœurs. Mais en quoi consiste
la souveraine félicité? A contempler,
dit *Platon*, le beau, le vrai, le bien, &
à se concilier l'amour du Tout-Puissant,
en tâchant de se rendre semblable à lui.
La secte Cyrénaïque propose la volupté
au Sage comme sa vraie béatitude. Le
seul bien de l'homme, selon *Aristippe*,
est l'assemblage de toutes les voluptés.
C'est le contraire, si l'on en croit les
Philosophes dont l'histoire compose ce
Volume. Celui qui va nous occuper crut
que l'homme est un vil esclave, & naturellement malheureux dès qu'il aime
son corps ou qu'il tient à la vie, ou qu'il
s'inquiete de sa réputation, ou enfin
qu'il porte son attention vers tout autre
objet que la vertu. Il regardoit la volupté comme le plus grand des maux,
& disoit ordinairement qu'il aimeroit
mieux être fou qu'adonné aux plaisirs
des sens: cependant il mit beaucoup de
choses indécentes au nombre des choses
les plus indifférentes, & dont par conséquent personne ne pouvoit être blessé; &
si le contraire arrivoit, cela même lui étoit
indifférent. Il se fondoit sur ce principe,

que la nature n'étant point altérée par l'éducation dans les animaux, l'homme, par rapport aux actions qui lui font communes avec eux, ne pouvoit errer en suivant leur exemple.

Avec ces maximes ce Philosophe fonda une secte qu'on appella la secte des Cyniques, parcequ'il les enseigna dans un lieu nommé *Cynosargue* ou *la maison du chien blanc;* voici pourquoi.

Un Athénien, connu sous le nom de *Didyme*, faisant un sacrifice chez lui, un chien blanc qui se trouva là se saisit de la victime & l'emporta. *Didyme*, affligé de cette aventure, consulta l'Oracle, & l'Oracle lui ordonna de bâtir un temple à l'endroit où le chien avoit posé la victime après qu'il l'eut emportée, & de le dédier à Hercule. Ce temple fut appellé *Cynosargue* ou *le temple du chien blanc.*

C'est de-là qu'est venu le nom de *Cynique* qu'on donna à ANTISTHENE & à ses sectateurs. Le pere de ce Philosophe s'appelloit *Antisthene.* On ignore le nom de sa mere : on sait seulement qu'elle étoit de Phrygie. A l'égard de l'état de l'un & de l'autre, aucun Historien n'en a parlé. On peut le deviner d'après le reproche qu'on faisoit à ANTISTHENE de n'être pas né de personnes libres , & de la réponse qu'il fit à ce reproche: *Je ne suis pas né non plus* , dit-il , *de deux Lutteurs , & cependant je ne laisse pas de savoir la Lutte.*

Quoi qu'il en soit, c'est à Athenes que notre Philosophe naquit vers la quatre-vingt-dixieme olympiade ou environ quatre cents ans avant *Jesus-Christ.* Il servit sa patrie dès que l'âge lui permit de porter les armes, & se distingua sur-tout à la bataille de Tanagre. La paix l'ayant rendu chez lui, il fréquenta les écoles de Philosophie. Il fut d'abord auditeur du Rhéteur *Gorgias.* Il apprit sous lui l'Eloquence, dans laquelle il fit des progrès rapides.

Ses succès lui inspirerent la pensée de se distinguer par-là dans la solemnité des jeux isthmiques *. Son dessein étoit de faire l'éloge & la censure des Athéniens,

------

* C'étoient des jeux qu'on célébroit dans l'isthme de Corinthe. Ils furent institués en l'honneur de Melicerte, Dieu Marin , par *Sysiphe*, Roi de Corinthe , & rétablis par *Thesée*, Roi d'Athenes , qui les consacra à Neptune. Les Athéniens y présidoient. Ils se célébroient tous les trois ou tous les cinq ans. On trouve là-dessus dans le cinquieme volume des *Mém. de l'Acad. des Inscriptions*, &c. une *Dissertation* de M. l'Abbé *Massieu*, qui mérite d'être lue.

des Thébains & des Lacédémoniens;
mais le grand concours de peuple qu'il
y eut à cette solemnité l'intimida, & il
se désista de son projet. La réputation
de *Socrate* excita sa curiosité. Il voulut
entendre ce Philosophe. Il alla assidu-
ment à ses leçons, quoiqu'il demeurât
au Pirée, & qu'il fût obligé de faire
tous les jours un chemin de quarante
stades pour venir à la ville.

Socrate peignoit la vertu sous les cou-
leurs les plus aimables. Il faisoit voir que
sans elle il n'y avoit point de bonheur
dans cette vie, & ANTISTHENE se laissa
persuader, & résolut d'être vertueux
pendant le reste de ses jours. Mais qu'est-
ce que la vertu? Notre Philosophe pensa
qu'elle consistoit à mépriser le luxe, les
richesses, & en général ce que les hommes estiment & recherchent. C'est ce
qu'il apprit aux Athéniens par la maniere de vivre qu'il adopta.

Il parut dans les rues d'Athenes avec
une longue barbe, couvert d'un mauvais manteau, l'épaule chargée d'une
besace, & un bâton à la main. La plupart des Athéniens trouverent cela beau.
Socrate ne fut pas de cet avis. Vous vous
trompez, dit-il à ANTISTHENE, si vous

croyez que cet extérieur annonce la vertu. Je vois votre orgueil à travers les trous de votre robe. Mais cette remontrance ne le corrigea point. Il n'en fut pas moins attaché à ce Sage jusqu'à sa mort, qu'il eut même la satisfaction de venger.

Quelques jeunes gens ignorant la fin tragique de ce grand homme, vinrent exprès du Pont à Athenes pour le voir. Ils s'adresserent par hasard à notre Philosophe, qu'ils rencontrerent dans les rues, pour savoir sa demeure. ANTISTHENE, sans leur rien dire du malheur de *Socrate*, les conduisit chez *Anytus*, l'un des auteurs de son supplice, & leur dit, en le leur montrant: *Voilà un homme beaucoup plus sage que Socrate.* Cette contre-vérité frappa plusieurs Athéniens qui étoient devant la porte d'*Anytus*. Ils rougirent de souffrir chez eux un homme qui avoit été assez pervers pour tramer la perte de *Socrate*, & un mouvement d'indignation succédant à ce premier sentiment, ils chasserent *Anytus* de la ville, & tuerent *Melytus* son associé dans cet infame complot.

Cependant ANTISTHENE continua de vivre durement & d'être austere dans fes mœurs. Il demandoit aux Dieux de le rendre plutôt fou que de lui donner de l'attachement pour les plaifirs des fens. C'étoient véritablement là des actes de fageffe. Un de fes amis furpris de qu'il fe dévouoit abfolument à l'étude de la Philofophie, lui en demanda la raifon; *C'eft pour bien vivre avec moi*, lui répondit il.

A l'exemple de fon Maître, notre Philofophe ne cultiva que la Morale. Il ne fit point de fyftême : il adopta feulement quelques maximes qui formerent fa doctrine. Il les enfeigna dans le Cynofargue où il avoit une école de Philofophie. Il ne voulut point qu'on y parlât ni de la Dialectique, ni de la Géométrie, ni de la Phyfique ; & il prefcrivoit fur-tout à fes difciples de méprifer les Arts, parceque, lorfqu'on s'étoit formé à la tempérance, on n'avoit pas befoin, felon lui, d'autres fciences. Quelqu'un voulut lui faire fentir les avantages de la Mufique, fes beautés & fes agréments ; mais il répondit : *Avec la prudence on gouverne les plus grandes villes, & avec la Mufique on ne peut régler une feule maifon.*

Affurément ce n'étoit pas là répondre

à l'Apologiste de la Musique. Le but de
cet art n'est pas de régler ni un gouvernement ni une maison, mais de délasser
les hommes de leurs occupations sérieuses par des sensations agréables. Et puis
il resteroit à examiner si la prudence
seule suffit pour gouverner les villes, &
si elle ne prescrit pas la culture des
Sciences & des Arts pour éclairer leurs
habitants & pour calmer la fougue de
leurs passions. Mais Antisthene ne prêchoit que la vertu; & quand il avoit dit
que le bonheur consiste dans la vertu, il
croyoit n'avoir plus rien à dire. Il vouloit cependant que la vertu pût s'acquérir par l'étude & l'application, & soutenoit qu'elle ne se perdoit jamais. On
l'auroit bien embarrassé, si on lui eût
demandé quelle sorte d'étude il falloit
faire & à quoi on devoit s'appliquer
pour acquérir la vertu. D'ailleurs, comment étudier sans principes, sans méthode, sans logique? Et qu'étudiera-t-
on, si l'on doit ignorer toutes les Sciences?

Les intentions d'Antisthene étoient
à la vérité fort bonnes. Il ne lui manquoit que des connoissances; car il ne
suffit pas de prêcher que *la sagesse est pré-*

férable aux plus fortes murailles ; qu'elle ne peut être prise par assaut, ni livrée par trahison ; qu'on doit se bâtir cette muraille à force de méditation, & que le sage est ai-mable ; qu'il ne peche jamais ; qu'il est l'a-mi de ceux qui lui ressemblent, & qu'il ne se fie jamais à la fortune, il faut, encore une fois, indiquer les matériaux dont le sage doit se servir pour bâtir cette mu-raille.

C'est déja quelque chose de vivre fru-galement, de ne manger que des her-bes, de ne boire que de l'eau, de se lo-ger où l'on peut, comme faisoit notre Philosophe ; mais il ne faut point être ignorant, si l'on veut que cette austérité produise du fruit, car l'ignorance est la maladie de l'ame ; & lorsque l'ame est malade, elle confond tout, la vérité avec l'erreur, le bien avec le mal. Eh ! comment distinguera t-elle alors la sa-gesse de la folie, le vice de la vertu ?

Antisthene prouvoit lui-même l'uti-lité des Sciences par sa propre ignoran-ce. Quoiqu'il eût banni de son école l'é-tude de la Logique, il voulut cependant définir le discours, & il dit qu'*il est l'ex-plication de ce qui est & de ce qui a été*. Voilà sans doute une définition pitoyable. Pourquoi renfermer le discours dans le passé & dans le présent ? Est-ce que nous ne raisonnons pas sur l'avenir ? Quand nous disons qu'il arrivera une éclipse dans tel tems ; que cette éclipse sera de tant de doigts ; qu'elle durera une demi heure ou une heure, n'expliquons-nous pas l'avenir ? Le discours n'est donc pas seulement l'explication de ce qui est & de ce qui a été, puisqu'il l'est aussi de ce qui sera.

Une autre preuve du tort qu'il avoit de négliger l'étude des Sciences, c'est le conseil qu'il donna à un de ses amis qui se plaignoit d'avoir perdu les mémoires qu'il avoit faits pour son usage. *Il falloit*, lui dit ANTISTHENE, *les écrire dans votre esprit plutôt que sur le papier.* L'avis est bon sans doute ; mais si ces mémoires étoient longs, comment les écrire dans l'esprit ? Où est l'homme qui a une mémoire assez heureuse pour retenir un livre entier ? Notre Philosophe demandoit l'impossible, & il ne l'auroit pas fait, s'il eût été plus instruit.

Le trait suivant de sa vie prouve encore ce que j'avance. Il disoit qu'*un homme ne devoit avoir de commerce qu'avec les femmes qui lui en sauront gré.* Qu'An-

TISTHENE connoissoit mal le cœur humain! Un homme peut il disposer de son cœur à sa guise? Et si les charmes d'une personne aimable ont su le gagner, ne doit il pas desirer d'en jouir, sans s'embarrasser si elle lui en saura gré? Est ce qu'on est maître d'être amoureux ou de garder sa liberté? L'amour est une passion violente qui a pour but la propagation de l'espece. La gratitude de la femme avec laquelle on desire s'unir, ne fait rien à cela. Si cette femme vous aime, elle est de moitié avec vous; si elle ne vous aime pas, elle travaille pour son compte.

La réflexion qu'il fit sur la fuite d'un adultere n'est pas plus juste que son sentiment sur le commerce des femmes. Il s'écria, en le voyant: *Malheureux! quel péril n'aurois-tu pas pu éviter avec une obole?* Cela signifie qu'avec de l'argent il auroit appaisé la colere du mari. Oui, si ce mari eût été un homme sans sentiment, sans honneur, & sans amitié pour sa femme; mais si cet homme avoit été amoureux, & qu'il eût préféré l'honneur à l'intérêt, comment celui qui venoit de le déshonorer auroit il pu éviter le péril?

Et voilà ce que c'est que de bannir l'étude des Sciences de celle de la sagesse. Il est rare qu'on raisonne avec exactitude sans elles, & qu'on puisse apprécier les choses. On est donc Philosophe par accident. Tel étoit aussi Antisthene. Quoiqu'il vécût en Sage, il n'enseignoit pas toujours les vrais principes de la sagesse. Il traitoit encore fort mal ses disciples ; & lorsqu'on lui en demandoit la raison, sa réponse étoit que *les Médecins traitent de même leurs malades.* Il est vrai qu'il n'exigeoit d'eux aucun honoraire ; mais ce désintéressement n'en augmentoit pas le nombre. Lui au contraire pensoit qu'il le diminuoit. *J'ai fort peu de disciples*, disoit il, *parceque je les éloigne avec une verge d'argent*, c'est à-dire, parceque les hommes n'estiment que les choses qui coûtent.

Non seulement il ne vouloit rien recevoir de ses disciples, mais il désiroit aussi qu'ils n'eussent aucune connoissance quand ils venoient étudier sous lui. C'est ce qu'il fit connoître à un jeune homme qui lui demanda de quoi il avoit besoin pour être admis à son école : *D'un livre neuf, d'une plume neuve & d'une tablette neuve*, lui répondit-il.

Notre Philosophe avoit sans doute de bonnes raisons pour ne point recevoir au nombre de ses disciples des personnes instruites. Il eût été en effet bien singulier que le disciple en sût plus que le Maitre. Mais ce Maitre croyoit qu'on étoit bien savant, lorsqu'on étoit toujours maitre de soi. *Il faut avoir*, disoit-il, *son esprit à son commandement, ou une corde pour se pendre.* Du reste il faisoit consister le souverain bien à être exempt d'orgueil. Ce n'étoit pourtant pas ce qui manquoit à ANTISTHENE ; car, comme *Socrate* le remarquoit fort bien, s'il s'agit de l'humilité, ce Philosophe est bien loin du souverain bien.

En effet il avoit un fond d'amour propre qui blessoit tout le monde. Il conseilloit de ne point fréquenter les personnes de mauvaises mœurs, & on le voyoit souvent avec ces gens-là. On lui en faisoit des reproches ; mais il concilioit cette contradiction, en disant que *les Médecins voient les malades sans être malades eux - mêmes.* Cela signifie qu'il n'étoit pas susceptible, comme les autres hommes, de mauvaises impressions. Aussi personne n'étoit exempt de sa censure : il n'épargnoit pas même les

Sages, parcequ'il s'estimoit plus que les Sages.

Ayant entendu un jour *Platon* louer un cheval qui marchoit avec fierté dans une cérémonie, il se tourna de son côté pour lui dire une injure. *Vous auriez bien fait*, Platon, *le personnage de ce cheval.* C'étoit le taxer publiquement d'avoir beaucoup d'orgueil. Il s'expliqua une autre fois plus clairement à cet égard dans une visite qu'il lui fit. *Platon* étoit malade & venoit de vomir. Il regarda dans le bassin où il avoit vomi, & dit tout haut : *Je vois bien ici la bile de* Platon, *mais non pas son orgueil.*

Il vouloit se venger sans doute du peu de cas que ce Philosophe faisoit de lui. Quelqu'un lui dit un jour sans ménagement les sentiments de *Platon* à son sujet, & il répondit : *C'est le sort des Rois de bien faire & d'être exposés à la censure.*

Non content de blâmer les Sages dont il savoit bien qu'il n'avoit rien à craindre, il osa attaquer les personnes en place qui étoient en état de lui nuire. Il conseilla aux Athéniens d'employer les ânes à labourer la terre, au lieu de se servir de bœufs & de vaches. On trouva ce conseil ridicule, pour ne rien

dire de plus. *N'eſt-ce pas la même choſe,
reprit-il alors, puiſque vous choiſiſſez
pour Généraux des gens qui n'ont d'autre
mérite que celui d'avoir été nommés par
vous.*

Il railla auſſi les Thébains ſur leur
fierté de ce qu'ils avoient battu les Lacédémoniens. *Ils reſſemblent,* dit-il, *aux
enfants qui ſe glorifient d'avoir battu leurs
Maîtres.* Enfin notre Philoſophe n'épargna pas même la religion de ſon pays.
Dans une cérémonie religieuſe on lui
préſenta un baſſin afin qu'il donnât quelque choſe pour Cybele. *Je ne nourris
point,* dit-il au quêteur, *la mere des
Dieux, que les Dieux ont ſoin de nourrir.*

Ainſi ANTISTHENE ſe moquoit ouver-
vertement de la religion. Cependant,
comme il étoit aſſez inconſéquent, malgré le mépris qu'il faiſoit des Dieux, il
voulut ſe faire initier aux myſteres d'Or-
phée. Le Prêtre à qui il s'adreſſa loua ſa
ferveur, & l'aſſura que ceux qui étoient
initiés à ces myſteres jouiroient dans
l'autre monde des biens les plus pré-
cieux. *Pourquoi ne mourez-vous donc
point,* lui dit-il?

Voilà le fonds du caractere d'ANTIS-
THENE: c'étoit de mordre tout le monde;

il avoit pourtant de l'esprit & de la vertu. Il faisoit de son mieux pour rendre
ses concitoyens honnêtes gens. Un jeune
homme lui ayant demandé un jour comment il devoit faire pour devenir vertueux & homme de bien : *En apprenant,*
lui répondit-il, *des gens plus sages que
vous, à vous dérouiller de vos vices.*

Un autre faisoit faire sa statue, & la
vouloit plus belle qu'il n'étoit beau, sur
quoi notre Philosophe lui dit : *Si cet airain pouvoit parler, de quoi pensez-vous
qu'il se glorifieroit ?* De la beauté de sa
figure, lui répondit l'autre. *N'avez-vous
donc pas de honte,* répliqua ANTISTHENE,
*de tirer vanité de la conformité que vous
avez avec une matiere brute ?*

Un jour entendant louer une vie vo-
luptueuse, il s'écria : *Puissent mes ennemis en mener une pareille !* Il en vouloit
sur tout à la volupté, & en cela il avoit
l'estime des sages. Il ne faisoit pas moins
la guerre au luxe, parcequ'il pensoit
qu'il conduisoit au vice. Quand il ren-
controit une femme richement vêtue,
il alloit chez elle, & prioit son mari de
lui montrer ses armes & son cheval,
parceque si tout étoit en bon état il pouvoit permettre en toute sureté à sa fem-

me de se mettre de cette maniere, pouvant repousser les insultes que cela ne manqueroit pas de lui attirer ; mais si au contraire il étoit sans défense, il lui conseilloit de lui ôter ses ornements.

En passant dans une rue il entendit un excellent joueur de flûte : comme il mettoit la Musique au nombre des arts dangereux, il dit à ceux qui étoient auprès de lui : *Il faut que cet homme-là soit bien méchant pour exceller ainsi dans ce métier.* Ce fut par la même raison qu'il dit de jouer de la flûte à quelqu'un qui l'avoit prié de chanter dans un repas.

Au reste la conversation de notre Philosophe étoit fort agréable. On étoit enchanté de l'entendre parler. Cette douceur dans son entretien, mêlée avec sa causticité & l'austérité de sa vie, en faisoit un homme singulier ; & c'est cette singularité qui rendit son école célebre. Il y enseignoit sa doctrine avec assez de succès, lorsqu'il fut atteint d'une maladie aiguë qui lui causa de vives douleurs. Le fameux *Diogene* qui étoit un de ses disciples, ayant appris son état, vint le trouver, & lui demanda s'il avoit besoin d'un ami. ANTISTHENE ne comprit point le sens de cette question ; mais

Diogene s'expliqua plus clairement quelque tems après.

Il lui fit une seconde viſite, & arriva dans ſa chambre au moment où notre Philoſophe diſoit : *Qui me délivrera de mes maux?* Ceci, lui répondit *Diogene*, en lui montrant un poignard qu'il portoit ſous ſon manteau. *Je parle de mes douleurs*, reprit notre Philoſophe, *& non pas de la vie*. Ces douleurs devinrent à la fin ſi inſupportables, qu'il y ſuccomba. Il mourut à Athenes. On ne ſait ni à quel tems ni à quel âge.

Quoique ce Philoſophe n'ait étudié que la Morale, il a cependant écrit ſur la Diction, ſur l'Eloquence, ſur la Légiſlation, ſur la Juſtice & la Valeur, ſur la Royauté, ſur la Gloire, ſur la Science, ſur la Muſique, ſur la Nature, ſur la nature des Animaux, ſur la Génération, ſur la Vie, ſur la Mort, &c. enfin ſur toutes ſortes de ſujets, & ſes écrits formoient dix volumes. C'eſt *Diogene de Laërce* qui nous apprend cela. Mais comment concilier cette variété de connoiſſances & ce grand travail avec les principes d'ANTISTHENE, qui ſoutenoit qu'il n'y a qu'une ſeule ſcience digne de l'attention de l'homme, *celle qui apprend à*

renoncer au vice, & qui se faisoit gloire
d'ignorer la Dialectique, la Logique,
les Mathématiques, la Musique, en un
mot toutes les Sciences, excepté la Morale ? Les personnes instruites savent
que, quoique les Athéniens fissent grand
cas de ses maximes & de son austérité,
ils ne lui pardonnerent jamais le souverain mépris qu'il témoignoit pour les
Beaux-Arts.

Mais, si notre Philosophe ne connoissoit pas la Physique, comment a t-il pu
écrire sur la Nature, sur la nature des
Animaux, sur la Génération ? S'il igno-
roit l'Eloquence, qu'a t il pu dire sur
l'Eloquence ? S'il méprisoit les Sciences
& la Musique, de quelle utilité pouvoit
être son écrit sur les Sciences & sur la
Musique ? D'ailleurs Antisthene n'é-
toit nullement curieux de l'estime pu-
plique. Lorsqu'on lui disoit qu'on le
louoit, il répondoit : *Quel mal ai-je donc
fait* * ? A quel dessein auroit il donc
composé tant d'ouvrages ? Je crains bien

------

* Le dernier Traducteur de *Diogene de Laërce* a rendu
cette réponse par ces mots : *Je ne sache pas non plus avoir
fait quelque chose de mauvais.* Cette version présente un
sens tout différent de celle que j'ai rapportée. Elle signifie
qu'il est digne d'éloges, puisqu'il s'est toujours bien com-

qu'on lui en ait fait honneur fans fondement. L'autorité de *Diogene de Laërce*
eft fans doute très refpectable ; mais on
fait que cet Hiftorien a attribué à plufieurs Philofophes des lettres qu'ils n'ont
point certainement écrites. Pourquoi
n'auroit-il pas pu mettre fur le compte
de celui dont j'écris l'hiftoire, des ouvrages qu'il n'a pas compofés ? Au refte
ces ouvrages font perdus, & c'eft pour
nous comme s'ils n'avoient jamais exifté.

Morale d'*ANTISTHENE*.

I. La vertu fuffit pour rendre heureux : c'eft une armure impénétrable à
tous les traits, & celui qui la poffede
n'a plus rien à defirer que la perféve-
rance & la fin de *Socrate.*

II. La vertu confifte à agir : elle n'a
pas befoin de beaucoup de difcours ni
de fcience, puifqu'elle conftitue la vraie
fageffe, & que tout fe termine à elle.

III. La vertu eft un bien commun
aux hommes & aux femmes : elle feule

porté. Ainfi ANTISTHENE approuveroit ici le peuple, &
furement ce n'étoit pas fon intention. Au lieu que l'autre
verfion eft une cenfure amere du goût du peuple : ce qui eft
dans le caractere d'un Cynique.

répare la différence & l'inégalité des
sexes.

IV. Le Sage doit gouverner l'Etat,
non selon les loix établies , mais suivant
les regles de la vertu.

V. Ceux-là sont véritablement unis,
que la vertu unit.

VI. Ceux qui sont vertueux sont no-
bles.

VII. Le Sage, dans la vue d'avoir
des enfants, peut faire choix d'une belle
femme & s'y attacher, parceque le Sage
connoît seul ce qui est aimable.

VIII. Rien n'est nouveau pour le
Sage.

IX. Il n'y a que l'homme de bien qui
soit aimable.

X. Il vaut mieux s'opposer avec un
petit nombre de gens de bien à tous
les méchants , que d'avoir un grand
nombre de méchants de son côté contre
un petit nombre de gens de bien.

XI. L'on doit prendre pour alliés en
tems de guerre ceux qui joignent l'a-
mour de la justice à la valeur.

XII. Prenez garde à vos ennemis;
ils sont les premiers à découvrir vos
défauts.

XIII. Que tout ce qui est mauvais
vous soit étranger.

XIV. Il faut souhaiter à ses ennemis toutes sortes de biens, hormis la valeur, sans quoi on posséderoit tout de droit, & non en vertu de la victoire.

XV. Les bourreaux valent mieux que les tyrans; car les premiers ne font mourir que les coupables, mais les derniers font mourir aussi les innocents.

XVI. Un avare ne peut être ni homme de bien, ni Roi, ni libre.

XVII. Celui qui craint les autres est un esclave, quoiqu'il l'ignore lui-même.

XVIII. On doit instruire & non contredire ceux qui nous contredisent, car un fou ne peut ramener un autre fou.

XIX. Les choses bonnes sont celles qui sont honnêtes, & les choses mauvaises celles qui sont déshonnêtes.

XX. Il faut aimer les plaisirs qui naissent du travail, & non ceux qui le précedent.

XXI. Les plaisirs qui entrent par la porte doivent aussi sortir par la porte, ou par voie d'incision, ou par une prise d'hellébore, ou en faisant diete pour se punir de l'excès auquel on s'est abandonné pour un plaisir de peu de moments.

XXII. Les repas sont une occasion de faire un excès.

XXIII. Comme il n'y a point d'agrément dans un repas, si l'on n'est en compagnie, de même les richesses ne sont point agréables, si l'on n'a point de vertu.

XXIV. Le mépris de ce qu'on appelle gloire est un bonheur, parcequ'il épargne bien des travaux.

XXV. Il n'y a rien d'étrange dans le monde que le vice.

XXVI. Les biens sont moins à ceux qui les possedent qu'à ceux qui savent s'en passer.

XXVII. Le seul bien qu'on peut enlever au Sage, c'est le plaisir d'avoir fait une bonne action.

XXVIII. Ceux qui recherchent les bonnes choses sont amis les uns des autres.

XXIX. Une société de freres qui sont unis est la meilleure de toutes les forteresses.

XXX. Il ne faut avoir de bien, que celui qu'on peut sauver avec soi dans un naufrage.

XXXI. Quand on ne peut discerner les honnêtes gens des hommes vicieux, c'est alors qu'un plaisir est perdu.

XXXII. Les envieux sont consumés

par leur propre caractere, comme le fer est rongé par la rouille qui s'y met.

XXXIII. Il vaut mieux tomber entre les pattes des corbeaux qu'entre les mains des flatteurs, parceque ceux-là ne font de mal qu'aux morts, au lieu que ceux ci dévorent les vivants.

XXXIV. Le moyen de s'immortaliser est de vivre pieusement & justement.

DIOGENE.

DIOGENE.

DIOGENE*.

IL n'y a que le vice & la vertu qui doivent nous intéreffer. Tout ce qu'on appelle décence, propreté dans les vêtements, honneurs de ce monde, eftime des hommes, font des chofes abfolument indifférentes. Telle étoit la doctrine du Philofophe dont on vient de lire l'hiftoire. Elle parut fi extraordinaire & fi contraire à la fageffe, qu'on ne crut pas que perfonne l'adoptât ; mais *Antifthene* eut un difciple qui la fit fi bien valoir, qu'elle impofa même aux Sages. Non feulement il fe foumit avec joie au genre de vie que ce Philofophe prefcrivoit ; il enchérit encore fur fes auftérités, tellement qu'il n'a jamais paru de Philofophe qui méprifât autant que lui les commodités de la vie.

C'eft le fameux DIOGENE né dans la ville de Synope, en la quatre-vingt-onzieme olympiade, ou l'an 413 avant *Jefus-Chrift*. Son pere s'appelloit *Ifece :*

---

* *Diogene de Laërce*, L. VI. *Brucker*, Tome I. *Dictiona. hiftor. & crit. de Bayle*, art. *Diogene*, &c. &c.

il avoit la banque publique ; forte d'emploi fort lucratif ; mais le gain qu'il y faisoit ne satisfaisant point son extrême cupidité, il s'avisa d'altérer la monnoie : c'étoit un moyen qui pouvoit réussir pour s'enrichir promptement : il y avoit aussi beaucoup à risquer si l'on venoit à le découvrir. Ce malheur arriva en effet, & il fut obligé d'éviter par la fuite le châtiment que méritoit sa fraude.

Son fils lui succéda. Il devint même Maître de la monnoie. Les ouvriers qui travailloient fous fes ordres, excités par l'appât du gain, lui confeillerent d'altérer les efpeces. Ce confeil étoit préfenté d'une maniere fi captieufe, qu'il fembloit qu'il n'y avoit pas de mal à cela. DIOGENE fut ébranlé ; mais avant que de le fuivre, il crut devoir confulter à ce fujet l'Oracle d'Apollon. Il alla exprès à Delphes, & l'Oracle lui dit : *Change la monnoie.* M. *Ménage* prétend que cette réponfe vouloit dire : *Ne fuis point la coutume.* Mais DIOGENE prit la chofe au pied de la lettre. De retour dans fon pays, il changea réellement la monnoie en l'altérant : ce qui lui auroit procuré le même traitement qu'on vouloit faire à fon pere, s'il ne fe fût fauvé.

Diogene se réfugia à Athenes où il fut reconnu pour un faux monnoyeur. Déconcerté par cet accident, il renonça à tout établissement, & ne songea qu'à se rendre recommandable par la science & par la vertu. Dans cette vue il voulut se mettre au rang des disciples d'*Antisthene* ; mais ce Philosophe non seulement le refusa, il lui défendit encore de venir à son école. Cela ne rebuta point notre prétendant à la Philosophie. Plus *Antisthene* s'obstinoit à le chasser, plus il persistoit à s'attacher à lui. Lassé enfin de cette résistance, le Philosophe d'Athenes le menaça de son bâton. *Frappe*, lui dit Diogene, *tu trouveras difficilement un bâton assez dur pour m'empêcher de venir t'écouter.*

Cette fermeté dans un jeune homme toucha *Antisthene* : il le reçut au nombre de ses disciples. C'étoit ce que desiroit passionnément Diogene. Aussi cette faveur le flatta tellement, que, redoublant de constance & d'application, il n'apprit pas seulement les principes de son Maître, il se mit encore en état de perfectionner le Cynisme qu'*Antisthene* professoit.

Il commença par faire vœu de la plus

grande pauvreté. Une simple tunique &
un manteau formerent tout son vêtement. Il endossa là dessus une besace,
& prit un bâton à la main. Un jour en
se promenant il vit une souris qui cou-
roit dans le champ, & qui se réfugia
dans un trou. Voilà un animal, dit-il,
qui ne s'embarrasse point d'avoir une
chambre pour se coucher, qui ne craint
point les ténebres, qui ne recherche aucune des choses dont les hommes sou-
haitent l'usage, qui vit en un mot comme le Sage devroit vivre. C'est une leçon pour moi, ajouta-t-il, dont je dois
profiter.

Deux enfants lui donnerent encore
une leçon dont il profita. Le premier bu-
voit de l'eau en se servant du creux de sa
main. DIOGENE jetta sur le champ une
tasse qu'il portoit dans sa besace, en disant, *un enfant me surpasse en simplicité.*
Il jetta aussi sa cuillere, lorsqu'il vit
l'autre enfant qui, après avoir cassé son
écuelle, ramassoit des lentilles avec un
morceau de pain.

Il fut si ému par ces exemples, qu'il
ne s'inquiéta plus des moyens de subsister:
il se confia entierement à la Providence,
s'estimant très heureux d'avoir des miet-

tes de pain pour se nourrir, & de pouvoir
se passer de ces raffinements de mets dont
se repaissoient les Athéniens. Cependant,
comme il n'avoit aucun endroit pour se
mettre à couvert, il pria un de ses amis
de lui faire construire une petite cabane dans un lieu public.

Cette cabane fut commencée, mais
continuée si lentement, que notre Philosophe, impatient d'attendre, jugea
qu'il étoit plus simple de se loger dans
un tonneau qu'il trouva dans un carre-
four : quelques Historiens prétendent
qu'il le prit dans le temple de la mere
des Dieux ; mais ils ne disent pas comment il s'appropria une chose qui appar-
tenoit à un temple.

Je ne dois pas dissimuler ici que M.
Brucker nie ce trait de la vie de DIOGE-
NE ; & je dois ajouter en même tems
que son autorité, quelque respectable
qu'elle soit, n'est pas assez grande pour
détruire les preuves & le témoignage de
presque tous les Historiens de la Philosophie qui ont écrit que notre Philosophe se logea réellement dans un tonneau : ils disent même qu'un jeune inso-
lent ayant brisé son tonneau, les Athéniens le condamnerent au fouet, &

donnerent un autre tonneau à DIOGE-
NE. Au reste ce tonneau n'étoit point
(suivant *Ménage*) composé de douves
comme les tonneaux dont on se sert
pour mettre le vin : c'étoit une cabane
d'argille qui avoit la forme d'un tonneau, & qu'on pouvoit rouler si l'on
vouloit absolument changer de place.

Quelques Ecrivains ont blâmé l'ex-
cessive affectation de pauvreté que notre Philosophe faisoit paroitre, en se lo-
geant dans un tonneau ; mais il étoit
réservé à l'Auteur de la *Doctrine curieuse*
(le P. *Garasse*) de trouver là une preuve
d'ivrognerie. « Pour DIOGENE le Cy-
» nique, dit-il, son nom lui sert d'élo-
» ge : c'est comme qui diroit de l'hu-
» meur des chiens. Ce galant faisoit du
» Philosophe, & ses principales actions
» ont été de demeurer jour & nuit dans
» un tonneau ». De même, continue le
P. *Garasse*, que les compagnons d'*Enée*,
après avoir mangé la viande, vendi-
rent les assiettes ; ainsi DIOGENE, après
avoir bu le vin du tonneau, voulut y
faire sa demeure, « bien marri, pen-
» sez, qu'il fût vuide ».

J'abrege le discours du P. *Garasse*, que
Bayle appelle avec raison une tirade

d'impertinences. Jamais homme, dit ce
Critique judicieux, ne mérita moins
que Diogene d'être accusé de goinfrerie, lui qui ne cherchoit d'autre remede
à sa soif que celui que la nature lui
fournissoit dans une riviere.

Cela est aussi prouvé qu'un fait historique peut l'être. On sait que notre Philosophe prêchoit une vie austere, &
qu'il la pratiqua. Cette pratique étoit
même poussée très loin. Il se rouloit pendant l'été dans les sables brûlants & se
couchoit sur la glace en hiver. Sa frugalité & son mépris pour tout ce qu'on
appelle apprêts dans les repas, étoient
portés à ce point de vouloir manger les
mets cruds, sans en excepter la viande ;
mais son estomac ne pouvant soutenir
cette derniere nourriture, il fut obligé
de l'abandonner.

Après s'être bien éprouvé, il joignit
l'instruction à l'exemple. Il tança les
Athéniens avec hauteur & sans ménagement sur leur mollesse, sur leur faste,
sur leur sensualité ; & malgré ce ton dur
& presque offensant, il parloit si bien
& débitoit des choses si solides, qu'il
avoit toujours beaucoup d'auditeurs. Il
leur recommandoit l'amour du travail,

la frugalité, & une grande attention à
se veiller soi-même contre l'attrait des
plaisirs. Des leçons si ameres humi-
lioient extrêmement les Athéniens; &
ceux qui ne voyoient pas de bon œil
qu'on les censurât ainsi publiquement,
épioient avec soin toutes les occasions
de se venger.

Un jour DIOGENE ayant mis sur sa
tête une couronne de feuilles pour se
garantir des ardeurs du soleil, quelqu'un
lui cria : Bas la couronne, Philosophe
orgueilleux : elle n'appartient qu'à des
héros, parcequ'ils l'ont méritée par des
victoires. DIOGENE leva la tête, & re-
gardant fixement celui qui venoit de l'a-
postropher : *Tais-toi*, lui dit-il, *sache,
imbécille, que j'ai vaincu des athletes &
des antagonistes plus formidables que les
ennemis de l'Etat : c'est l'horreur de la
pauvreté, la crainte & l'espérance, & cet
animal dangereux & séduisant qu'on appelle
la volupté.*

Ce fut avec de si belles paroles &
une vie toujours active, pleine d'austé-
rités & de macérations, que notre Philosophe accrédita le Cynisme & le fit
respecter. Le plus grand nombre des
Athéniens le regardoit comme le vrai

Sage de la Grece ; & il n'y avoit que ces ames baſſes, qui ſont incapables de connoître la vertu & de l'aimer, qui oubliaſſent ce qu'ils lui devoient. Ils venoient l'inſulter, lui jettoient des os comme à un chien, & lui arrachoient même ſon manteau. D I O G E N E étoit trop ſage pour répondre autrement que par un véritable mépris à des traitemens ſi odieux. Mais, lorſqu'on lui adreſſoit la parole, il ne manquoit pas de les faire rentrer dans leur devoir.

Quelqu'un lui demanda un jour d'où il étoit. *Je ſuis*, dit-il, *citoyen du monde.* Quel gain, lui demanda un autre, vous rapporte la Philoſophie. *Celui d'être préparé à tout événement*, répondit D I O-G E N E. On lui reprocha d'avoir fait la fauſſe monnoie, & il répondit à celui qui lui faiſoit ce reproche : *Il eſt vrai qu'il fut un tems où j'étois ce que tu es à préſent ; mais ce que je ſuis à préſent tu ne le ſeras jamais.* Un autre lui parla auſſi de cette faute paſſée. *Ci-devant*, lui dit-il, *étant enfant je ſaliſſois mon lit, je ne le fais plus à préſent.* Mais enfin, reprit ce cenſeur, les Synopiens t'ont chaſſé de ton pays. *Et moi*, répliqua le Philoſophe, *je les ai condamnés à y reſter.*

Un mauvais railleur, dans la vue de l'infulter, lui fit cette queftion : Pourquoi donne-t-on communément aux mendiants, & point aux Philofophes ? *Parceque*, répondit-il, *on croit qu'on pourra devenir plutôt aveugle ou boiteux que Philofophe.*

On appelloit les Philofophes Cyniques des chiens, & on donnoit le nom de chien à DIOGENE par cette raifon. De quelle race êtes-vous, lui dit un paffant ? *Quand j'ai faim*, répondit notre Philofophe, *je fuis un chien de Malthe (c'eft à dire un flatteur) ; & quand je fuis raffafié, je fuis un chien moloffe (c'eft-à-dire mordant). Et de même qu'il y a des gens qui donnent beaucoup de louanges à certains chiens, quoiqu'ils n'ofent pas chaffer avec eux, craignant la fatigue ; de même auffi vous ne pouvez pas vous affocier à la vie que je mene, parceque vous craignez la douleur.*

Mais fi vous êtes un chien moloffe, lui dirent des jeunes gens qui étoient autour de lui, nous devons prendre garde que vous ne nous mordiez pas. *Tranquillifez-vous, mes enfants, leur cria* DIOGENE, *les chiens ne mangent point de betteraves :* ce qui fignifie que les chiens

ne mordent point les fots, la betterave
étant à Athenes l'emblême de la fadeur
ou de la fottife.

Enfin on lui fit remarquer que la plupart des gens fe moquoient de lui. *Et
moi*, répondit-il, *je ne me tiens pas pour
moqué. Peut-être que les ânes fe moquent
auffi d'eux ; mais comme ils ne fe foucient
pas des ânes, je ne m'embarraffe pas non
plus d'eux.*

Diogene ne fe contentoit pas de re-
pouffer les traits qu'on lui lançoit ; il
faifoit auffi la guerre offenfive. Perfonne
n'étoit exempt de fa cenfure. Il mordoit
comme un chien, ainfi qu'il le difoit lui-
même. Il rencontra un jour *Demofthene*
qui fortoit d'un cabaret où il avoit dîné,
& il l'apoftropha ainfi : *En fortant de
cette taverne, tu ne fais que rentrer dans
une taverne plus grande.* Ayant appris
que *Platon* devoit donner un grand repas, il entra chez lui, & foula aux
pieds de beaux tapis qui ornoient la
falle du feftin, en difant : *Je foule aux
pieds l'orgueil de Platon.* Oui, lui répondit *Platon*, mais par un autre orgueil.

Un nouveau marié avoit écrit au-
deffus de la porte de fa maifon : « Her-
» cule, ce glorieux vainqueur, fils de

„ Jupiter, habite ici : que rien de mau-
„ vais n'y entre ». Notre Philosophe
mit au-deſſous ces mots : *Troupes auxi-*
liaires après la guerre finie. Un homme
de mauvaiſes mœurs ayant écrit ſur la
ſienne : « Que rien de mauvais n'entre
„ ici » : il s'écria : *Et comment donc le*
maître du logis pourra-t-il entrer ? La maiſon d'un débauché étoit à vendre , *Ah,*
ah ! dit DIOGENE en voyant l'écriteau,
je ſavois qu'une maiſon ſi pleine de cra-
pule ne manqueroit pas de vomir ſon maî-
tre. Ayant apperçu un Seigneur qui ſe
faiſoit chauſſer par ſon domeſtique,
pourquoi, lui dit-il, *ne vous faites-vous*
pas moucher par un autre ? Quelqu'un
qu'il eſtimoit peu ayant paru dans les
rues couvert de la peau d'un lion, *ceſſez,*
lui dit-il, *de déshonorer les enſeignes de*
la valeur. Il dit à un jeune homme qui
étoit parfumé : *Prends garde que la bonne*
odeur de ta tête ne rende ta vie de mau-
vaiſe odeur. Pour tourner en ridicule
cette ſorte de délicateſſe, il ſe parfuma
les pieds, & il dit que cela valoit mieux
que de s'oindre la tête, parceque l'o-
deur ſe perdoit en l'air, au lieu que des
pieds elle montoit à l'odorat. Un jeune
homme fort paré lui ayant fait quelque

queſtion, il dit qu'il ne lui répondroit pas, qu'il ne lui eût fait connoître s'il étoit homme ou femme.

Non content de cenſurer en détail tous les citoyens d'Athenes, il les atta-quoit auſſi en corps. Il appelloit l'école d'*Euclide* un *lieu de colere*, & celle de *Platon* un *lieu de conſomption*. Il diſoit que ceux qui gouvernent ne ſont que les Miniſtres de la populace. Il vit un jour les Magiſtrats qui préſidoient aux choſes ſaintes accuſer un homme d'avoir volé une fiole dans un tréſor, ſur quoi il dit: *Les grands voleurs accuſent les petits.* Un garçon ſuſpect de probité jettoit des pierres contre une potence : *Courage*, lui dit-il, *tu atteindras au but.*

Il ſe moquoit de la nobleſſe, de la gloire, des autres choſes ſemblables qu'il appelloit les ornements du vice, diſant que les loix naturelles ſont les ſeules loix juſtes. Il railloit les Rhéteurs, qui enſeignoient l'art de bien dire, & non de bien faire ; les Muſiciens, qui régloient bien leurs inſtruments, & qui ne ſavoient pas régler leurs mœurs ; les Grammairiens, qui s'amuſoient à gloſer ſur les fautes des auteurs, & ne ſavoient pas corriger les fautes qu'ils faiſoient eux-mêmes.

Un jour il cria : *Hommes, approchez !*
Plusieurs Athéniens accoururent à ce
cri ; mais il les repoussa en disant : *J'a-*
vois appellé des hommes, & non pas des
enfants.

Ainsi il exerçoit sur le genre humain
une censure magistrale, & se croyoit
fort supérieur à tous les Philosophes. Il
regardoit, dit *Bayle*, toute la terre de
haut en bas. Il ne faisoit nul cas de l'estime des hommes ; & rapportant tout à
lui-même, il ne ménageoit ni la pudeur
ni la décence, pourvu que les loix naturelles ne fussent point blessées. On a
écrit qu'il se plongeoit brutalement dans
les exercices de l'impureté. Cela a été
répété si souvent, qu'il passe pour un
fait qu'on ne doit point révoquer en
doute. J'ai déja rapporté dans un autre
ouvrage (1) les raisons qui peuvent rendre ce fait suspect ; mais c'est ici le lieu
de l'approfondir, sauf à en laisser la dé-
cision au Lecteur.

Ecoutons d'abord *Bayle.* « DIOGENE,
» dit-il, ennemi de toute superfluité,
» & cherchant l'indépendance autant

______

(1) *Voyez* le Discours Préliminaire du Tome II de l'Histoire des *Philosophes modernes.*

» qu'il étoit poffible, commettoit publi-
» quement ce que les Cafuiftes appel-
» lent péché de molleffe, & difoit ef-
» frontément qu'il feroit bien aife de
» pouvoir appaifer par une femblable
» voie les defirs de fon eftomac ». *Bayle*
s'appuie de l'autorité de *Diogene de
Laërce*, qui, après avoir dit la même
chofe, ajoute que Diogene fe glori-
fioit de cette impudence, prétendant
trouver en lui-même & fans aucuns
frais ce qui porte les autres hommes à
faire mille dépenfes & mille ravages.

Erafme donne une autre raifon pour
excufer cette impureté. Il trouve qu'elle
devoit être permife non feulement à notre Philofophe, mais encore à toutes les
perfonnes ftudieufes, qui n'aiment pas
que les befoins de leur corps les déta-
chent de leurs livres. Auffi Diogene
ayant donné un rendez-vous à une fille
de joie, comme elle tarda à y venir,
preffé par l'aiguillon de la concupifcence, il ne voulut point en être diftrait
plus long tems, & fuppléa lui même au
défaut de cette fille. C'eft du moins *Ga-
lien* qui nous l'affure (2).

***

(2) *Galen. De Locis affectis*, L. IV.

Il y a plus : ce Philosophe, bien loin de rougir de cette impudence, disoit souvent : *Il est commode de trouver en soi-même & sans aucuns frais ce qui porte les autres hommes à faire mille dépenses & mille ravages. Si tout le monde m'eût ressemblé, Troie n'eût pas été prise, ni Priam tué sur l'autel de Jupiter.*

Il s'autorisoit encore par ce raisonnement : Ce n'est point un péché que de dîner : donc ce n'est point un péché que de dîner dans les rues. De même il est permis d'avoir à faire avec une femme : il n'y a donc pas de mal de la connoître à la vue du public. On prétend qu'il usa de cette permission, & qu'il répondit à ceux qui lui demanderent ce qu'il faisoit : *Hominem planto.* Mais c'est-là un conte qui ne se trouve que dans des Auteurs modernes, & qui ne mérite aucune croyance.

Cependant DIOGENE voulant répandre ailleurs sa doctrine, alloit souvent à Lacédémone. Un jour en revenant de cette ville à Athenes, il rencontra quelqu'un qui lui demanda d'où il venoit & où il alloit. *De l'appartement des hommes à celui des femmes*, répondit il. Cela n'est pas clair. Il sembleroit que notre Philo-

fophe a voulu dire que les Lacédémoniens étoient plus mâles ou plus dignes
du nom d'hommes que les Athéniens :
mais ce ne pouvoit être là fon intention ; car quelqu'un lui ayant demandé
dans quel endroit de la Grece il avoit
vu les hommes les plus courageux :
Des hommes ! dit-il, *je n'en ai vu nulle
part ; mais j'ai vu des enfants à Lacédémone.*

Il faifoit auffi de fréquents voyages
dans différentes villes de la Grece ; mais
ayant voulu aller à Egine, île de Grece,
il eut le malheur de rencontrer dans fon
trajet des pirates dont le chef s'appelloit *Scirpale.* Ce chef le mena en Crete
pour le vendre. Expofé au marché, on
lui demanda ce qu'il favoit faire : *Com-
mander aux hommes*, répondit DIOGENE.
Et s'adreffant enfuite au crieur public,
il lui dit : *Mon ami, crie qui eft-ce qui veut
acheter fon Maître ?* Parmi les perfonnes
qui venoient acheter des efclaves il y
en eut une qui fixa l'attention de notre
Philofophe. Elle étoit de Corinthe &
s'appelloit *Xeniade.* Il appella le crieur
public, & lui dit : *Vends-moi à cet homme
à qui il faut un Maître. Xeniade* l'acheta
en effet ; & le marché étant conclu,

Diogene lui dit : *Vous croyez avoir acheté un esclave, c'est un Maître dont vous avez fait emplette.* Le Corinthien fit attention à ce discours : il examina notre Philosophe, & ne tarda pas à connoître le prix de son acquisition.

Il le mena à Corinthe, lui confia l'éducation de ses fils, & ensuite l'intendance de sa maison. Diogene s'acquitta si bien de ces emplois, que *Xeniade* ne pouvoit se lasser de dire par-tout qu'un bon génie étoit entré chez lui. Ce Philosophe ne se départoit pas néanmoins de ce ton de hauteur qu'il s'étoit arrogé depuis qu'il étoit devenu disciple d'*Antisthene.* Il lui dit un jour de ne pas manquer de faire ce qu'il lui ordonnetoit. Il me semble, répondit *Xeniade*, que les fleuves remontent à leur source. *Si étant malade*, répliqua Diogene, *vous aviez pris un Médecin à vos gages, au lieu d'obéir à ses ordres, lui répondriez-vous que les fleuves remontent vers leur source ?*

Ses amis ayant appris sa servitude, voulurent l'acheter ; mais notre Cynique les pria de n'en rien faire. *Vous êtes fous*, leur dit-il, *les lions ne sont pas esclaves de ceux qui les nourrissent, mais ceux-ci sont les valets des lions.* Il resta donc dans la maison de *Xeniade*, & éleva très bien ses enfants.

Il travailla à former leurs mœurs, en joignant à ses maximes celles des meilleurs Moralistes. Il leur fit faire une partie du service domestique, & les accoutuma à se nourrir légérement & à boire de l'eau. Par son ordre on leur coupa les cheveux, & on les vêtit simplement. On les voyoit dans les rues avec lui sans veste & sans souliers. Ils marchoient ainsi en silence & les yeux baissés. Afin de les rendre robustes, il voulut qu'ils apprissent à monter à cheval, à tirer de l'arc, à manier la fronde, à lancer le dard ; mais il ne permit point que dans les académies le Maître les exerçât à la maniere des athletes.

Malgré sa causticité naturelle, il se fit tellement aimer de ses éleves, qu'après leur éducation, ces jeunes gens solliciterent leur pere à lui donner la liberté & à lui permettre de commercer l'argent qu'il avoit gagné chez eux : ce qu'ils obtinrent aisément.

DIOGENE s'érigea donc en Marchand. Il alla dans les marchés & dans les isthmes étaler sa marchandise, & afin de

profiter en même tems de cette occafion pour prêcher le mépris des richeffes,
l'horreur du vice, l'amour de la vertu,
& cela en reprenant toujours avec véhémence les défauts de fes auditeurs. Il
étoit vêtu & logé comme à Athenes,
c'eft-à-dire couvert d'un manteau & re-
tiré dans une efpece de tonneau d'argille. La fingularité de fon habillement &
fes difcours lui attirerent un concours
prodigieux de monde, plus curieux de
le voir & de l'entendre, que d'examiner
fa marchandife & de l'acheter.

Dans ce tems-là *Alexandre* le Grand
donnoit la loi à l'Univers. Ses conquêtes
rapides & nombreufes rendoient fon
nom refpectable à toutes les nations. On
s'empreffoit à venir lui rendre hommage
par tous les lieux où il paffoit, & les
Philofophes même fe faifoient un devoir de lui payer un tribut de louanges.
La guerre que ce conquérant avoit avec
les Perfes le conduifit à Corinthe. Tous
les habitants de cette belle ville, fans
diftinction de fexe & d'âge, accoururent en foule pour le voir & lui rendre
des honneurs. DIOGENE feul entendit
parler de fa grandeur & de fa gloire fans
en être ému. La réputation du Cynique

étoit cependant parvenue jusqu'à *Alexandre.*

Ce Prince, étonné de ne point recevoir sa visite, n'étoit point aussi indifférent de le connoître que Diogene l'étoit de le voir. Il vint le trouver. Notre Philosophe étoit couché devant le soleil. Il entendit le bruit tumultueux que faisoit la suite d'*Alexandre.* Il se mit alors nonchalamment sur son séant ; & voyant approcher le Roi, il se tourna vers lui. *Alexandre* lui dit : « Je suis *Alexandre* le » Grand ». *Et moi*, répondit Diogene, *je suis* Diogene *le Cynique.* Le Conquérant lui répliqua : « Demande ce que tu » voudras, & je te l'accorderai ». Et le Philosophe répartit : *Je te demande que tu te retires de devant mon soleil.*

Une réponse si imprévue surprit extrêmement le Roi, quoiqu'il fût accoutumé aux choses les plus extraordinaires. Il resta tout stupéfait de la grandeur d'ame & du désintéressement de Diogene. Ses courtisans crurent flatter le Prince en blâmant la réponse de ce Philosophe ; mais *Alexandre* leur imposa silence par ces mots : « Si je n'étois *Alexandre*, je » voudrois être Diogene ».

Un *Prédicateur* avoit pris de là occa-

fion de faire l'éloge de la pauvreté vertueufe. En rapportant le defir d'*Alexandre*, il dit : « Tant la pauvreté vertueufe
» fe fair eftimer par la royauté même
» & par la grandeur »! Mais un Auteur
qui a été eftimé autrefois (*Balfac*) l'a
cenfuré amerement ; & pour prouver
qu'*Alexandre* a eu tort d'avoir fouhaité
d'être DIOGENE, & le Prédicateur de
l'avoir approuvé, il a foutenu qu'être
DIOGENE, « c'eft violer les coutumes
» établies & les loix reçues ; c'eft n'a-
» voir ni pudeur ni honnêteté ; c'eft ne
» connoître ni parent, ni hôte, ni ami ;
» c'eft ou japper ou mordre toujours ;
» c'eft manger en plein marché une fole
» crue ou de la viande toute fanglante ;
» c'eft offenfer les yeux du peuple par
» des actions encore plus fales & plus
» vilaines, des actions pour lefquelles
» il ne doit point y avoir d'affez grand
» fecret ni d'affez profonde folitude.
» Voilà ce que c'eft que d'être DIOGENE,
» & ce qu'*Alexandre* vouloit être, s'il
» n'eût été *Alexandre* » (3).

M. *de Balfac* ne croit pas qu'on puiffe
applaudir après cela à la réponfe d'*Ale-*

_____

(3) *Socrate Chrétien*, par *Balfac*, page 243.

xandre : il est vrai que personne n'est de
son avis. M. *Costar* se moque assez bien
de cette peinture de *Balsac*, & la réponse qu'il fait à cet Auteur est sans réplique.

» *Alexandre*, dit - il, ne savoit point
» cette définition de Diogene, & ne
» desiroit de lui que ce qu'il venoit d'y
» reconnoître & d'y remarquer, un dé-
» dain extrême de tout ce qui paroissoit
» dans la vie de plus éclatant & de
» plus pompeux. Il lui avoit offert ses
» richesses & son crédit; & ce Sage,
» tout déchiré, lui avoit demandé pour
» toute faveur qu'il se retirât de son so-
» leil, comme s'il eût voulu dire, ne
» m'ôtez pas les biens de la nature, & je
» vous laisse ceux de la fortune que je
» tiens au-dessous de moi » (4).

Bayle admire, comme *Costar*, le mot
d'*Alexandre* le Grand, malgré la censure
de *Balsac*. « Je ne m'étonne point, dit-il,
» qu'il (*Alexandre*) ait admiré un hom-
» me qui, pouvant obtenir de lui toutes
» sortes d'avantages, ne lui voulut rien
» demander, & l'avertit même sans
» compliment ni cérémonie de se met-

---

(4) *Suite de la Défense de Voiture*, page 39.

» tre dans une fituation qui ne lui déro-
» bât pas la préfence du foleil. Un Prince
» qui fe voit toujours obfédé de loups
» béants, & qui, quelque connoiffance
» qu'il ait acquife, fe trouve incapable
» de contenter tous les importuns,
» n'admireroit-il pas un particulier qui
» refufe les richeffes qu'on lui offre?
» *Alexandre* avoit vu venir à lui de tou-
» tes parts les hommes d'Etat & les
» Philofophes : chacun s'étoit empreffé
» à lui faire la cour. DIOGENE fut le
» feul qui ne bougea pas de fa place : il
» fallut qu'*Alexandre*, ne le voyant pas
» venir vers lui, comme il s'y étoit at-
» tendu, l'allât trouver. Si cette indif-
» férence lui parut quelque chofe de
» peu commun, il admira la grandeur
» d'ame qui parut dans la réponfe de ce
» Philofophe. On a eu raifon de dire,
» qu'en cette rencontre *Alexandre* fut
» vaincu par un fimple particulier » (5).

Je crois que ces raifons & ces autorités doivent faire éclipfer la critique de
M. *Balfac*. *Bayle* parle d'une feconde en-
trevue entre *Alexandre* & DIOGENE,
dont aucun Hiftorien de la Philofophie

____

(5) *Diction. de Bayle*, art. *Diogene*, N. D.

n'a

n'a fait mention. Il dit que cette fois *Alexandre* le trouva endormi, & l'éveilla, en lui adreſſant ce vers de l'Iliade, pour lui reprocher qu'il étoit honteux à un Philoſophe de dormir toute la nuit :

Stertere perpetuam non dignum eſt Principe noctem.

A quoi DIOGENE répondit ſur le champ par la ſuite de ce paſſage d'*Homere:*

Cui populique ſalus & tanta negotia curæ.

Bayle remarque avec raiſon qu'on ne pouvoit pas répondre avec plus de préſence d'eſprit ni plus à propos. DIOGENE ſe juſtifioit & marquoit en même tems ce qu'*Alexandre* devoit faire. Il montroit que s'il eſt honteux de dormir toute la nuit, c'eſt lorſqu'on eſt chargé du gouvernement des peuples.

Ce trait n'eſt pas bien conſtaté, mais il eſt croyable, car notre Philoſophe citoit volontiers les Poëtes Grecs, & ſurtout *Homere* qu'il ſavoit par cœur. *Diogene de Laërce* en rapporte pluſieurs exemples. Un homme ayant été ſaiſi volant de la pourpre, notre Philoſophe lui appliqua ces paroles du cinquieme livre de l'Iliade: *Une fin éclatante & un fort tragique l'ont furpris.* Des collecteurs lui ayant demandé fa quote part de la collecte qu'ils faifoient pour les pauvres, il répondit ce vers d'*Homere* : *Dépouillez les autres, mais abftenez-vous de toucher Hector.* Pendant qu'il dînoit avec des olives quelqu'un lui apporta une tarte. Il jetta fur le champ les olives, & prit la tarte en difant ce vers d'*Euripide* : *Hôtes, cédez la place aux tyrans :* ce qui fignifie qu'un mets commun doit faire place à un mets exquis.

Cependant la converfation de notre Philofophe avec *Alexandre* lui fit beaucoup d'honneur, &, par une conféquence déduite de la nature du cœur humain, lui attira bien des ennemis. Car il faut qu'un homme de mérite, qui n'a que du mérite, choififfe, ou qu'il s'enterre tout vivant, s'il craint les traits envenimés de l'envie, ou qu'il fe faffe un rempart de fa vertu lorfqu'il fe produit en public. C'eft le dernier parti que D I O G E N E avoit pris depuis long-tems.

Sans s'embarraffer de choquer ou de déplaire, il prêchoit contre le luxe, contre l'avarice, contre l'ambition, contre l'efprit de vengeance auffi fortement qu'on pouvoit le faire. Ses principes de

Morale étoient tels : Il y a deux fortes d'exercices, celui de l'ame & celui du corps. L'occupation que l'exercice donne continuellement à l'imagination, facilite la pratique de la vertu : l'un de ces exercices eft imparfait fans l'autre, la bonne difpofition & la force fe manifeftant dans la pratique de nos devoirs, telle qu'elle a lieu par rapport au corps & à l'ame.

Une preuve, ajoutoit DIOGENE, que l'exercice donne de la facilité pour la pratique de la vertu, c'eft l'adreffe qu'acquierent les artifans & ceux qui font des ouvrages manuels, à force de s'y appliquer. Et fi ces gens-là avoient apporté le même foin à exercer leur ame, ils auroient travaillé utilement pour fe rendre vertueux, & par conféquent pour vivre heureufement.

Diogene de Laërce a écrit que notre Philofophe, mécontent du fruit de fes leçons, alloit dans les rues de Corinthe avec un flambeau à la main, difant qu'il cherchoit un homme. Je crois avoir démontré que *Diogene de Laërce* fe trompe, en attribuant ce trait à notre Philofophe : il eft évidemment d'*Efope*, comme je l'ai fait voir dans l'hiftoire de ce

Philofophe (6). Depuis fa converfation avec *Alexandre*, l'Hiftoire ne nous apprend aucune particularité de la vie de DIOGENE.

Comme il touchoit à la fin de fa carriere, fes éleves, je veux dire les fils de *Xeniade*, lui demanderent comment il vouloit être enterré : il répondit, *le vifage contre terre.* Pourquoi cela, lui dit-on ? *C'eft que dans peu de tems, reprit-il, les chofes qui font deffous fe trouveront deffus,* faifant allufion à la puiffance des Macédoniens qui, de peu de chofe qu'ils avoient été, commençoient à devenir confidérables. Mais, répliquerent fes éleves, où voulez-vous que nous mettions votre corps après votre mort ? *Vous le laifferez fur la terre,* leur dit DIOGENE. Quoi ! vous voulez qu'il demeure expofé aux bêtes féroces & aux oifeaux de proie, lui dit-on ? *Eh bien !* reprit DIOGENE, *vous n'aurez qu'à mettre un bâton à côté de moi afin que je les chaffe.* Eh ! comment donc pourriezvous les chaffer, puifque vous ne fentirez rien ? *Que m'importe donc,* s'écria

______

(6) *Voyez* le premier Volume de cette *Hiftoire des Philofophes anciens.*

Diogene, *que les bêtes me déchirent ?*

Au reste on ne sait point de quelle maniere il termina sa carriere. *Diogene de Laërce* dit qu'il mourut d'un débordement de bile causé par un pied de bœuf qu'il avoit mangé crud. Quelques Historiens veulent que ce soit de la morsure d'un chien, & il en est d'autres qui prétendent qu'il s'étrangla. Cette derniere opinion est la véritable, selon *saint Jérôme.* Voici comment il rapporte cet événement.

Diogene allant aux jeux olympiques se sentit incommodé. Il se coucha sous un arbre, & refusa les bons offices de ceux qui étoient avec lui, & qui lui offroient un cheval ou un chariot. *Allez-vous-en au spectacle,* leur dit il, *cette nuit décidera de ma maladie. Si je la surmonte, j'irai demain aux jeux olympiques: si elle m'emporte, je descendrai aux enfers.* Il ne la surmonta pas cette maladie, mais il s'en délivra en s'étranglant cette nuit même (7).

De quelque maniere qu'il ait fini ses jours, il est certain qu'on le trouva mort enveloppé dans son manteau: il avoit

____

(7) *Hieronymus,* Lib. II. *adversus Jovinianum.*

C 3

quatre-vingt-dix ans. Ses amis étant venus le voir, crurent d'abord qu'il dormoit; mais, comme ils savoient qu'il ne donnoit guere de tems au sommeil, ils craignirent qu'il ne fût malade. Ils leverent son manteau, & virent avec douleur qu'il avoit rendu l'esprit. Ils eurent à cette occasion une dispute pour savoir qui l'enseveliroit. La dispute fut même si vive, qu'ils penserent en venir aux mains. Des personnes d'autorité appaiserent le différend.

Par ordre des Magistrats il fut enterré près la porte de la ville de Corinthe, qui conduisoit à l'isthme où Dio-gene se rendoit souvent, & on éleva sur sa tombe une colonne de marbre surmontée d'un chien. Les habitants de Synope rendirent aussi hommage à la mémoire de notre Philosophe, leur compatriote. Ils placerent sa statue en bronze dans le lieu le plus apparent de leur ville. Sur le piedestal de cette statue on lisoit cette inscription :

Le tems consume l'airain ; mais ta gloire, ô Diogene! durera dans tous les âges. Tu as seul fait connoître aux mortels le bonheur dont ils peuvent jouir par eux-mêmes, & leur as montré le moyen de passer doucement la vie.

On ne doit néanmoins à Diogene que quelques préceptes de Morale, & l'exemple encore plus puissant peut-être d'une vie très austere. Voici ces préceptes.

I. Tout s'acquiert par l'exercice, sans en excepter même la vertu.

II. Il n'y a rien dans la vie dont on ne puisse venir à bout par le travail, & qu'on ne puisse se procurer : aussi sans lui on ne peut mener qu'une vie malheureuse.

III. Le travail apprend à mépriser la volupté, & l'habitude de le mépriser rend ce mépris agréable.

IV. Il faut mépriser les distinctions & la gloire, qui sont les instruments & les pieges du vice. La *gloire* est l'appât de la sottise, & ce qu'on appelle *noblesse* en est le masque.

V. Il faut résister à la fortune par le mépris, & aux passions par la raison.

VI. Traitez les Grands comme le feu : n'en soyez jamais ni trop près ni trop loin.

VII. Faites-vous amis des bons, afin qu'ils vous encouragent à faire le bien ; & ayez les méchants pour ennemis, afin qu'ils vous empêchent de faire le mal. C 4

VIII. Ceux-là font infenfés qui eftiment la vertu, la prêchent & ne la pratiquent pas.

IX. Il faut attribuer plus de chofes à la nature qu'à l'art.

X. Le but de la Philofophie, c'eft de fe mettre au-deffus des événements ; & fa perfection, c'eft de triompher de foi-même.

XI. Il n'y auroit point de fociété fans la loi ; & fans un plein exercice de cette loi, il n'y auroit point de citoyens. Car fans un bon gouvernement les citoyens feroient plus malheureux que dans l'état naturel, hors de toute fociété.

XII. Il n'y a qu'une fociété ou qu'une patrie dans le monde, c'eft celle qui eft jufte ou gouvernée par de fages loix.

XIII. Parmi les bêtes fauvages le calomniateur eft celle dont la morfure eft la plus dangereufe ; & parmi les animaux domeftiques, c'eft celle du flatteur.

XIV. La condition la plus miférable de la vie, eft celle d'être vieux & pauvre.

XV. Il eft facile de devenir vertueux lorfqu'on étudie & qu'on réfléchit.

XVI. La plus belle chofe du monde, c'eft la franchife.

XVII. La Géométrie, l'Astronomie & la Musique ne font point utiles pour acquérir la vertu.

Cette derniere maxime est vraie en général. Il est certain qu'il n'y a que la science des mœurs qui puisse contribuer à nous rendre vertueux, & que la Géométrie, l'Astronomie & la Musique n'ont rien de commun avec la Morale. Cependant, si, comme le dit fort bien DIOGENE, il faut étudier & réfléchir pour acquérir la vertu, quelle étude plus convenable à l'homme que celle des Sciences, dont les principes certains & invariables font les aliments propres de l'étude & de la réflexion?

On peut conclure de là que la secte des Cyniques n'étoit pas une secte savante, puisque notre Philosophe, qui en est le Héros, méprisoit les Sciences. Ce qui l'a distingué, comme les autres Cyniques, c'est l'austérité de sa vie, son grand zele pour les progrès de la vertu. Il s'est aussi particulierement signalé par la vivacité de son esprit qui brilloit dans ses reparties & dans ses bons mots. On en a vu plusieurs dans l'histoire de sa vie. En voici d'autres qui méritent d'être connus.

Il exhortoit un homme à étudier la Philosophie. Cet homme s'en excusa, en disant qu'il n'y étoit pas propre. *Pourquoi donc vivez-vous,* lui répondit Diogene, *puisque vous ne vous embarrassez pas de vivre bien?* Il entendit un jour un homme parler mal de son pere, & il lui dit : *Ne rougis-tu pas d'accuser de manque d'esprit celui par qui tu en as?* Voyant un jeune homme d'un extérieur honnête qui tenoit des discours indécents, *quelle vergogne,* s'écria-t-il, *de tirer une épée de plomb d'une gaîne d'ivoire!* Il apperçut un autre jeune homme qui s'appliquoit à la Philosophie, & il lui dit : *Courage! fais en sorte qu'au lieu de plaire par ta jeunesse, tu plaises par les qualités de ton ame.* Un dissipateur mangeoit des olives dans une taverne, & notre Philosophe l'apostropha ainsi : *Si tu avois toujours dîné ainsi, tu ne souperois pas de même.*

Ayant appris qu'un homme avoit été pris en adultere, *il mérite,* dit il, *d'être pendu de la maniere la plus honteuse.* Une femme passoit dans une litiere, & Diogene dit : *Il faudroit une autre cage pour un animal si farouche.* Sur ce qu'il vit des femmes qui étoient pendues à des oliviers, *quel bonheur*, s'écria-t-il, *si tous les arbres portoient des fruits de cette espece!*

Etant à Minde, il remarqua que les portes de la ville étoient fort grandes, quoique la ville fût petite, sur quoi il dit : *Citoyens de Minde, fermez vos portes, de peur que votre ville n'en sorte.* A son retour des jeux olympiques, on lui demanda s'il y avoit beaucoup de monde : *Oui*, dit-il, *beaucoup de monde, mais peu d'hommes.*

Quelqu'un s'étonnoit du grand nombre de dons consacrés dans l'antre de Samothrace en action de graces pour les périls dont on avoit été préservé : *Il y en auroit bien davantage*, dit-il, *s'il y en avoit de tous ceux qui ont succombé sous les périls, malgré leur invocation.*

La courtisanne *Phrygné* ayant offert à Delphes une Venus d'or, il nomma ce don *la preuve de l'intempérance des Grecs.*

Il appelloit les courtisannes *les Reines des Rois*, parcequ'elles demandent tout ce qui leur plaît. Pourquoi, lui dit-on, l'or est-il si pâle ? *C'est*, répondit-il, *parceque beaucoup de gens cherchent à s'en emparer.* Quel vin aimes-tu mieux boire, lui dit quelqu'un ? *Celui des autres*, répondit notre Philosophe. Il se plaignoit un jour de ce qu'on ne lui érigeoit point une statue: on lui en demanda la raison , & il répondit : *Je m'accoutume par là à ne point obtenir ce que je souhaite.* Il tendoit aussi la main devant les statues par la même raison. Un tyran lui demanda quel étoit l'airain le meilleur pour faire des statues, *celui*, dit-il, *dont on a fait les statues d'Harmodius & d'Aristogiton* (c'étoient deux libérateurs d'Athenes).

Quand il avoit besoin d'argent il en *redemandoit* à ses amis, c'est-à-dire qu'il en demandoit plutôt comme une restitution que comme un présent. Il en demandoit un jour à un avare; & comme celui ci tardoit à lui en donner, il lui dit : *Pensez , je vous prie , que ce que je vous demande est pour ma nourriture , & non pour mon enterrement.* Il entendit louer quelqu'un de qui il avoit reçu un présent : *Et moi , dit-il , ne me louez-vous pas de ce que j'ai été digne de le recevoir ?* Un de ses bienfaiteurs l'ayant prié de lui rendre son manteau , il lui fit cette réponse : *Si vous me l'avez donné , il est à moi ; si vous me l'avez donné pour m'en servir , j'en fais usage.*

Le fils d'une courtifanne jettoit des pierres au milieu de plufieurs perfonnes affemblées : *Prends garde* , lui dit-il , *que tu n'atteignes ton pere.* Un jeune homme lui montra une épée qu'il avoit reçue d'une maniere peu honnête , & Diogene lui dit : *L'épée eft belle , mais la poignée ne l'eft pas.* Voyant un mauvais tireur d'arc , il alla s'affeoir à l'endroit où étoit le but , en difant que c'*étoit de peur que cet homme ne l'attrapât.* Un étourdi le heurta avec une poutre qu'il portoit , & cria gare , quand il l'eut frappé. *Eft-ce que tu as encore un coup à me donner ,* lui demanda DIOGENE ? Quelqu'un lui demanda ce qu'il vouloit pour recevoir un foufflet , *un cafque ,* répondit-il. Un autre lui fit cette queftion : La mort eft-elle un mal ? *Comment feroit-ce un mal ,* répondit notre Philofophe , *puifqu'on ne la fent pas ?*

Un homme fuperftitieux le menaça de lui caffer la tête d'un feul coup. *Et moi ,* lui dit-il , *je te ferai trembler en éternuant de ton côté gauche.*

Ayant rencontré un jour un enfant mal élevé , il appliqua un foufflet à fon Précepteur.

Il difoit que les fages ont toutes

chofes communes , & prouvoit fon dire
par ce raifonnement : *Toutes chofes ap-*
partiennent aux Dieux. Les fages font amis
des Dieux. Les amis ont toutes chofes com-
munes : donc toutes chofes font pour les
fages. Il difoit encore que les gens perdus de mœurs reffemblent aux cada-
vres que les hommes ne mangent point ,
mais qui fervent de pâture aux corbeaux
& aux vautours.

Il répétoit fouvent qu'*il faut fe munir*
dans la vie de raifon ou de licou. Il étoit
préfent à une longue & ennuyeufe lecture ; impatient d'en voir la fin , il s'ap-
procha du lecteur , & apperçut qu'il n'y
avoit encore que peu de pages écrites :
Courage , amis , s'écria t il , je vois terre !

Etant entré un jour dans un bain fort
fale , *où fe lavent* , dit-il , *ceux qui fe font*
lavés ici ?

Il entendit un jour deux perfonnes
plaider devant les Juges : l'une fe plaignoit d'avoir été volée par l'autre ; &
celle-ci foutenoit ne lui avoir rien pris :
il les condamna tous deux , en difant que
l'un avoit dérobé ce dont il s'agiffoit , & que
l'autre ne l'avoit point perdu. Ce jugement
paroit contradictoire ; mais il fait connoître clairement que notre Philofophe

penſoit que ces deux plaideurs n'étoient point d'honnêtes gens, & qu'on ne devoit pas plus ajouter foi aux diſcours de l'un qu'à ceux de l'autre. C'eſt du moins ainſi que l'a entendu le célebre Fabuliſte François dans la fable du Renard & du Loup plaidant devant le Singe *.

Toutes ces plaiſanteries ou ces bons mots n'ont pas le même ſel. Il en eſt même quelques uns qui dégénerent en inſulte. Cependant, comme l'intention de Diogene étoit pure, que perſonne n'a plus fait de cas de la vertu, & plus mépriſé les honneurs, les richeſſes & les commodités de la vie, que lui, il a mérité les éloges des perſonnages les plus reſpectables. *Seneque* l'appelle *virum ingentis animi*, & ajoute que ſi quelqu'un

---

* *Voici comment cette Fable eſt terminée :*

  » Le Juge, inſtruit de leur malice,

» Leur dit : Je vous connois de long-tems, mes amis,

  » Et tous deux vous paierez l'amende :

» Car, toi, Loup, tu te plains, quoiqu'on ne t'ait rien
 » pris,

» Et toi, Renard, as pris ce que l'on te demande.

» Le Juge prétendoit, qu'à tort & à travers,

» On ne ſauroit manquer, condamnant un pervers ».

n'eſt pas bien aſſuré de la félicité de DIOGENE, il peut révoquer en doute l'état des Dieux immortels, & ce qu'on croit de leur béatitude.

Saint *Jean Chryſoſtôme* le propoſe comme un exemple de beaucoup de vertus religieuſes. Et ſaint *Jérôme* parle de lui très honorablement : il le nomme plus grand & plus puiſſant qu'*Alexandre*, & étale ſes vertus devant *Jovinien* pour lui faire honte de ſes vices (8).

Malgré ces louanges & ces ſuffrages, il faut avouer qu'on ne peut affirmer ſi notre Philoſophe croyoit en Dieu, car toutes les preuves que l'on allegue pour ſoutenir l'affirmative ſont très équivoques. Le P. *Garaſſe* en rapporte deux : l'une, « qu'il ſe moquoit des Dieux que » la populace adoroit communément ; l'autre, » qu'il dogmatiſoit qu'il ne fal- » loit avoir aucune honte de faire tout » ce que la nature nous dicte ». *Bayle* trouve avec raiſon la premiere de ces preuves impertinente ; car il n'y a rien de plus digne d'un Sage, bien perſuadé de l'exiſtence de Dieu, que de ſe mo- quer des ſuperſtitions païennes. La ſe-

---

(8) Voyez *La Mothe le Vayer*, Tome V, page 117.

conde preuve n'eſt point concluante,
ſuivant cet habile Critique, vu qu'il eſt
poſſible de croire un Dieu, & d'être perſuadé en même tems que la honte n'eſt
fondée que ſur le droit poſitif.

La ſeule choſe qui peut-être pourroit prouver l'athéiſme de Diogene, c'eſt ce qu'il diſoit de la proſpérité
d'*Harpalus*, qu'elle portoit témoignage
contre l'exiſtence de Dieu : encore eſt-ce
là un mot philoſophique qui n'a point les
caracteres de la véritable penſée de notre Philoſophe. Au reſte les Anciens qui
ont parlé des Athées, ne l'ont point mis
dans leur liſte. Il n'y a peut-être que le
P. *Garaſſe* qui a voulu avec de mauvaiſes raiſons nous perſuader que Diogene étoit Athée. Mais ce bon Pere n'aimoit pas les Philoſophes, & il les dé-
crioit en toutes occaſions. Voici comment en parle *La Mothe le Vayer*. C'eſt
un morceau curieux, & qui doit trouver place dans l'hiſtoire de notre Philoſophe.

« Il s'eſt trouvé un Ecrivain ſi peu
» équitable (le P. *Garaſſe*) (dit cet Au-
» teur judicieux), je ne veux pas uſer
» d'un plus rude mot, qu'il n'a point fait
» de conſcience de comparer Diogene

» & *Democrite* à *Brusquet* (fameux bouf-
» fon de Cour), & à Maître *Guillaume*,
» qu'il affure avoir été pour le moins
» auffi fages que ces Philofophes. Bon
» Dieu! eſt-il poſſible qu'on ſe difpenfe
» de parler de la forte? Il dit (le Pere
» *Garaſſe*) que *Plutarque* & *Laertius* (c'eſt
» *Diogene de Laërce*) ſe fuſſent bien
» paſſés de tranfmettre jufqu'à nous les
» fottiſes de ces deux faquins, dont l'un
» ne mérite autre éloge d'honneur que
» celui d'un farceur, à favoir *Democri-*
» *te*, & l'autre d'un gros gueux de l'Of-
» tiere. Bref, continue-t-il, toute leur
» différence ne ſe trouvoit que comme
» de Maître *Guillaume* à Jean *Farine* &
» de *Brusquet* à *Pantalon :* D I O G E N E
» étant un fou & maniaque parfait, &
» *Democrite* un bouffon perpétuel (ce
» font ſes propres termes). En vérité il
» n'y a point d'efprit raifonnable (re-
» prend *La Mothe le Vayer*), ni tant
» foit peu connoiſſant la nature des cho-
» fes, qui n'en foit fcandalifé, & que
» de ſi extravagantes fimilitudes ne jet-
» tent dans l'indignation » (9).

On attribue à D I O G E N E pluſieurs

---

(9) *La Mothe le Vayer*, *ubi fuprà.*

ouvrages , dont *Diogene de Laërce* nous a conſervé les titres : ce ſont des dialogues ſur la Morale , ſur les loix , ſur l'amour , ſur la critique , ſur les richeſſes & ſur la mort , & des tragédies intitulées : *Helene* , *Thyeſte* , *Hercale* , *Achille* , *Medée* , *Chryſippe* & *Œdipe*. Mais on peut aſſurer que ces ouvrages qui ne ſont point parvenus juſqu'à nous , ne ſont pas de notre Philoſophe , & il y a même lieu de croire qu'ils n'ont jamais exiſté.

Il y a eu deux Philoſophes célebres qui ſe ſont appellés *Diogene*. Le premier, qui étoit d'Apollonie , fut Phyſicien. Il étoit diſciple d'*Anaximenes* , & fleuriſſoit en Ionie , avant que *Socrate* philoſophât à Athenes. On croit même qu'il ſuccéda à ſon Maître dans la direction de ſon école. Il rectifia un peu la doctrine d'*Anaximenes*. Il admettoit deux choſes dans l'air , une matiere & une cauſe efficiente , & il les uniſſoit intimement l'une à l'autre. En tant que matiere , l'air eſt l'élément de tous les corps ; & conſidéré comme cauſe efficiente , il eſt Dieu. Ainſi Dieu eſt tout-à-la-fois dans l'air la cauſe matérielle & la cauſe efficiente de toutes choſes : il eſt la cauſe immanente de tous les êtres , & produit en

lui-même tous les corps de l'univers &
une infinité de mondes.

Ou trouvera le reste de son systême
dans l'histoire d'*Anaximenes*, qui fera
partie de celle des Physiciens.

A l'égard de l'autre *Diogene* dont j'ai
parlé, c'est un Philosophe Stoïcien qui a
été disciple de *Chrysippe*. Voyez l'histoire
de *Chrysippe* dans ce Volume.

CRATES.

M.lle Cl. Roydel et del.   Bevs. sc.t

CRATÈS*.

PLUSIEURS Historiens de la Philosophie comparent *Diogene* à *Socrate*, mais à *Socrate* devenu fou par trop de sagesse, & cette comparaison est assez juste; car, si *Diogene* menoit une vie irréprochable, il avoit néanmoins des opinions un peu extravagantes. C'en étoit une, par exemple, de se moquer de toutes les bienséances, & de violer les usages les mieux établis, sans faire attention que le sage, qui jouit des agréments de la société, doit respecter les nœuds qui la forment, & n'attaquer les abus mêmes qu'avec les plus grands ménagements. Malgré ce travers, trop palpable pour qu'on puisse l'excuser, *Diogene* eut plusieurs disciples qui embrasserent le Cynisme sans modification, & formerent ainsi une secte fameuse, qui a été estimée par des Auteurs distingués & par des Peres de l'Eglise.

Le plus célebre d'entre ses disciples se

---

* *Diogene de Laërce*, Liv. VI. *Dictionn. historiq. & crit. de Bayle*, art. *Hypparchie. Jacobi Bruckeri Histor. crit. Philosoph.* Tom. I, &c. &c.

nommoit Cratès. Il naquit à Thebes :
on ne fait point précisément en quel
tems. Seulement *Diogene de Laërce* dit
qu'il fleuriffoit vers la cent treizieme
olympiade, c'eft-à-dire environ trois
cents trente trois ans avant *Jefus-Chrift.*
Il nous apprend auffi qu'il étoit fils d'*Af-*
conde, fans nous inftruire ni de la naiffance, ni de l'état de ce perfonnage.
Ce devoit être un homme de diftinction,
puifque Cratès, fuivant *Diogene de*
Laërce, étoit d'un rang diftingué. Il eft
certain qu'il étoit fort riche ; mais il fa-
crifia & fon rang & fa fortune aux avantages de la Philofophie. Il devint Philofophe Cynique comme par infpiration.

Etant à la repréfentation d'une tragédie d'*Euripide*, intitulée *Telephe*, il fut
touché de voir que le Héros de cette
piece, c'eft-à-dire *Telephe*, Roi de My-
fie, paroiffoit fur la fcene vêtu en men-
diant & tenant une corbeille à la main.
Il trouva cela fort beau ; & fe rappellant que c'étoit là la maniere de vivre
des Cyniques, il alla fur le champ voir
Diogene pour apprendre fous lui la
théorie & la pratique de leur Philofophie.

Diogene lui confeilla d'abandonner

ses possessions à la pâture des brebis , &
de jetter son argent dans la mer. CRA-
TÈS ne suivit pas tout-à fait ce conseil.
Il déposa son argent chez un Banquier,
à condition qu'il le donneroit à ses enfants s'ils ignoroient la Philosophie , &
qu'il en feroit présent aux pauvres , s'ils
devenoient Philosophes , parcequ'alors
ils n'auroient pas besoin de bien. Ainsi
ne possédant plus rien , il s'écria : *Dieu
soit loué ! je suis libre.* Il endossa ensuite
le vêtement des Cyniques. C'étoit un
habit fort épais pour l'été & un fort léger pour l'hiver. La besace & le bâton
ne furent pas oubliés , & il parut ainsi
ajusté dans les rues d'Athenes. Ses parents vinrent exprès en cette ville pour
le détourner de son dessein ; mais il les
chassa avec son bâton , & persista cou-
rageusement dans le parti qu'il avoit
pris. Aussi souffroit-il sans murmurer les
mauvais traitements qu'on lui fit comme
aux autres Cyniques , qui étoient le
jouet du peuple.

Les Inspecteurs des rues d'Athenes le
raillerent de ce qu'il s'habilloit de toile.
*Je vous ferai voir Theophraste vêtu de
même ,* leur répondit il. On l'en défia ;
mais il les mena à la boutique d'un

Barbier où il le leur montra pendant
qu'il se faisoit faire la barbe. Il mordoit
tout le monde, comme son cher Maître
Diogene, & n'épargnoit pas sur-tout les
courtisannes. Un joueur de cistre, nommé *Nicodrome*, ayant été compris dans
sa censure, le trouva mauvais, & le lui
fit connoître en l'apostrophant d'un
soufflet si violent, que CRATÈS en eut
la joue enflée. Il ne se plaignit point
de cette brutalité : sa seule vengeance
fut d'attacher à son front une tablette
sur laquelle étoient écrits ces mots:
Nicodromus fecit. Allusion plaisante à la
maniere des Peintres qui mettent ainsi
leurs noms sous leurs tableaux.

Cela ne l'empêcha pas de soutenir
toujours son caractere de Cynique ; &
comme on ne cessoit de le tourner en
ridicule, il avoit coutume de dire, les
mains levées au ciel : *Courage,* CRATÈS *!
compte sur tes yeux & sur le reste de ton
corps ; tu verras ceux qui se moquent de toi
à présent, saisis de maladie, te dire heureux, & se condamner eux-mêmes pour
leur négligence.* On l'appelloit l'*ouvreur
de portes*, parcequ'il entroit dans toutes
les maisons pour y donner des préceptes ; mais il ne s'en mettoit pas en peine.

II

Il difoit: *Je me confole aifement de ces mau-vais procédés dans les bras de la Philofo-phie. Il n'en eft revenu*, ajoutoit il, *un chenix* (c'eft une certaine mefure) *de lupins, & l'avantage de vivre exempt de foucis.*

Ce fut fans doute dans la vue de faire connoître cette façon de penfer aux Athéniens, qu'il la mit en vers, tra-duits ainfi dans la derniere verfion de *Diogene de Laërce: Je poffede ce que j'ai appris, ce que j'ai médité, & ce que les auguftes Mufes m'ont enfeigné. Quant à ces autres biens éclatants, l'orgueil s'en em-pare.*

Non feulement notre Philofophe étoit exempt d'orgueil: il l'étoit auffi de cu-pidité & de gourmandife. Il vivoit, comme *Diogene*, content du fimple né-ceffaire. Sa frugalité étoit même portée au point, qu'un de fes amis lui ayant envoyé du vin avec quelques pains, il renvoya le vin, & fit dire à fon ami *qu'il étoit fâcheux que les fontaines ne produififfent pas du pain.* Il vouloit fans doute dire par-là qu'il ne lui falloit que du pain & de l'eau pour vivre.

Auffi fa vertu & l'auftérité de fa vie étoient fort confidérées à Athenes, &

en leur faveur les Athéniens paſſoient
volontiers l'éponge ſur ſon extrême laideur & ſur ſa malpropreté, quoique ſouvent fort dégoûtante. Son corps tout con-
trefait étoit chargé d'une boſſe. Son vêtement, bien loin de réparer cette difformité, la rendoit encore plus appa-
rente. Lorſque ſon manteau étoit percé,
il couſoit ſur le trou une peau de brebis
du côté de la laine, de ſorte qu'on avoit
de la peine à diſcerner de loin ſi c'étoit
un homme ou un animal. Il faiſoit preſ-
que peur aux enfants.

Cependant une Demoiſelle de diſtinc-
tion, jeune & aimable, nommée *Hipparchia*, s'en amouracha. Charmée de
ſes diſcours, elle voulut abſolument l'é-
pouſer. Ce fut une vraie rage d'amour,
une maladie incurable. En vain les jeunes gens les plus aimables d'Athenes, &
les plus diſtingués par la naiſſance & par
la fortune, convoiterent ſa main; en
vain ſa famille la preſſa de ſe choiſir un
époux parmi cette foule d'adorateurs,
rien ne fut capable de la détacher de
CRATÈS. Elle déclara nettement que ce
Philoſophe lui tenoit lieu de toutes
choſes, & que ſi on ne la marioit pas
avec lui, elle ſe poignarderoit.

Alarmée par un parti si violent, sa famille, après avoir inutilement employé tous les moyens de la guérir de cette maladie, implora le secours de notre Philosophe. Elle le pria de se servir de son éloquence & de toute son autorité auprès d'*Hipparchia*, pour éteindre sa passion. C'est aussi ce que fit CRATÈS; mais il ne gagna rien sur l'opiniâtreté de son amante. *Hipparchia* lui répondit qu'elle avoit assez songé à cette affaire; qu'elle étoit persuadée qu'il n'étoit pas possible de trouver ni un plus beau, ni un plus riche parti que lui, & qu'absolument elle n'en vouloit point d'autre. *Beau !* reprit CRATÈS: *vous allez voir ce qui en est*. Sur le champ il lui découvrit sa bosse, & lui dit : *Voilà l'époux que vous demandez*. Jettant ensuite son bâton & sa besace par terre : *Et voici tout son bien. Ajoutez à cela que pour devenir ma femme, il faut vous résoudre à mener la vie que notre secte prescrit*. C'est ce que je desire de tout mon cœur, répondit *Hipparchia* avec transport.

Elle se hâta de prendre d'abord l'habit de l'ordre, c'est-à-dire l'équipage des Cyniques. Ce n'étoit là que la moitié

de l'ouvrage. Il étoit un dogme de la
secte de n'avoir point de honte d'aucun
exercice corporel que la nature exige.
En conséquence de ce dogme il falloit
que la jeune *Hipparchia* se déterminât à
consommer le mariage dans la rue. Le
mépris de la coutume ne pouvoit aller
plus loin. Il falloit sacrifier à l'amour la
vertu la plus naturelle au sexe : je veux
dire cette honte, cette pudeur, qui,
comme l'a fort bien observé *Bayle*, est
mille fois plus enracinée dans le cœur
des femmes que la chasteté même. *Hipparchia* fit néanmoins ce sacrifice à l'a-
mour ; & ce qu'il y a de plus étrange,
c'est qu'elle fut préparée dès la premiere
fois à cette impudence, sans qu'il fût
nécessaire de l'y amener peu-à-peu &
par degrés.

Son époux la conduisit donc au Portique. C'étoit un des plus superbes bâti-
ments publics & des plus fréquentés
qu'on pût voir dans Athenes, & là il
consomma le mariage Tout le monde
alloit voir ce beau spectacle, & la nouvelle mariée étoit résolue d'en régaler
l'assemblée ; mais un ami de CRATÈS
étendit son manteau autour d'eux, &
leur fit par ce moyen une espece de

rideau qui les cacha aux yeux des fpec-
tateurs.

Notre Philofophe s'autorifoit à en
ufer ainfi par ce raifonnement : S'il eft
jufte de connoître fa femme , il eft jufte
de la connoître en public. Or il eft jufte
de connoître fa femme : donc il eft jufte
de la connoître en public. Ce fyllogifme
eft affurément fort mauvais. J'aimerois
autant celui ci de *Bayle :* Il eft bon de
boire du vin ; donc il eft bon d'en boire
quand on a la fievre. On voit bien que
les Cyniques ignoroient qu'il y a plufieurs actions qui ne font bonnes qu'en
certaines circonftances, de forte que l'o-
miffion de ces circonftances peut rendre
mauvaife une action qui fans cela eût
été bonne. C'eft un raifonnement de
Bayle qui anéantit celui de CRATÈS.
Mais ce Philofophe en avoit un autre
qui étoit plus captieux. Le voici :

Lorfqu'une chofe eft bonne & jufte
en elle même , il ne faut pas avoir honte
de la commettre. Or le devoir conjugal
eft en foi une chofe bonne & jufte :
donc il ne faut pas avoir honte de le
rendre. On peut donc le rendre légiti-
mement en public ; car , fi quelque
chofe pouvoit gâter cette action publi-

que, ce seroit le défaut de honte dans une action où l'on seroit obligé d'en avoir. *Bayle* réduit la difficulté à cette seule question : *Faut-il avoir honte de rendre le devoir conjugal à la vue du public ?*

Non, dit CRATÈS avec tous les Cyniques, puisque cette honte n'est point un sentiment naturel ; car non seulement les animaux qui suivent si fidellement les instincts de la nature, travaillent publiquement à la multiplication, mais encore il est des peuples dans les Indes qui font cet ouvrage sous les yeux de tout venant. Le célebre *La Mothe le Vayer* nous apprend qu'il y en a d'autres qui font l'amour dans les temples mêmes, & qui disent que si cette action déplaisoit à la Divinité, elle ne la souffriroit pas du reste des animaux. Mais on répond à tous ces raisonnements qu'il suffit que les nations civilisées soient sujettes à la honte, pour qu'on ne se mette pas en peine de ce que font les nations barbares, & moins encore les animaux. Et cette réponse me paroît sans réplique *.

---

* Je dois convenir ici que *Bayle* ne la juge pas telle. Il prétend « que le droit naturel n'étant point sujet à pres-

Mais voici quelque chose de plus singulier. Saint *Augustin*, dans la *Cité de Dieu*, Liv. XIV, Chap. 20, croit que CRATÈS & ceux de sa secte ne travailloient pas véritablement à la génération, & qu'ils n'en faisoient que le semblant. *Ibi enim (sub pallio) Philosophi non erubescant videri se velle concumbere, ubi libido ipsa erubesceret surgere.* Ce sont les paroles de ce Pere de l'Eglise.

Mais peut-on croire que les Cyniques voulussent en imposer aux spectateurs, en faisant les mêmes mouvements que ceux qui sont nécessaires à l'acte de la copulation ? On sent bien les raisons de S. *Augustin* ; cependant un Auteur déja cité (*La Mothe le Vayer*), malgré le respect qu'il a pour ce grand homme, ne croit pas qu'il soit permis de lever le manteau de CRATÈS, & de pénétrer les secrets des Cyniques. Il semble que le problême n'est pas pourtant difficile à

» cription, il est permis à chacun d'y rentrer en tout » tems & en tout lieu, sans avoir égard au joug arbitraire » des coutumes & de l'opinion des compatriotes ». (*Dict. histor. art. Hipparchia*, N. 6.).

Mais ce savant homme a oublié ce qu'il a dit ailleurs, & ce que j'ai déja remarqué dans la vie de *Diogene*, que quand on jouit des agréments de la société, il faut en supporter les charges.

résoudre, puisque notre Philosophe eut un fils & plusieurs filles d'*Hipparchia*.

Quoi qu'il en soit, ce ne fut pas là la seule complaisance que cette tendre épouse eut pour son mari : je veux dire celle de recevoir ses embrassements devant tout le monde. Il étoit une loi de décence reçue des femmes Grecques de sortir rarement, & de n'aller jamais manger que chez leurs parents ; mais l'épouse de CRATÈS s'affranchit de cette loi pour ne pas le quitter. On la voyoit souvent dans les rues avec lui, & dans des festins où il étoit invité. Comme c'étoit presque toujours avec des Philosophes qu'elle se trouvoit, elle les écoutoit avec plaisir, & se mêloit quelquefois de la conversation.

Etant un jour à dîner chez un ami de son mari, nommé *Lysimaque*, elle eut une dispute assez vive avec le Philosophe *Theodore*. Ce fut à l'occasion d'un raisonnement subtil qu'elle lui fit, auquel il ne put pas répondre. Si je faisois, lui dit elle, la même action que vous auriez faite justement, on ne pourroit m'accuser d'avoir fait une action injuste. Or, si vous vous battiez vous-même, vous agiriez justement : donc si je vous battois, on ne pourroit pas m'accufer d'avoir fait une action injufte.

Theodore ne trouvant point de réponfe à cet argument, lui cita le vers d'une tragédie d'*Euripide*, où l'on repréfentoit une femme qui avoit quitté fa quenouille & fes fufeaux. Je me reconnois là, reprit *Hipparchia* : je fuis cette femme. Mais croyez-vous qu'il ne vaut pas mieux philofopher que filer ? Confus de n'avoir rien de mieux à dire, *Theodore* chercha à l'humilier en l'infultant : il lui défit le manteau. Suivant la maniere de s'habiller des femmes de nos jours, cela fignifie : il lui leva la jupe.

Voilà, dit *Bayle*, une maniere bien gaillarde & bien cavaliere de répondre aux fophifmes d'une femme. C'eft avouer honteufement fa défaite. Il y avoit pourtant une réponfe victorieufe à fon argument. Il ne s'agiffoit que de dire que l'action de *Theodore* fe battant lui même, & l'action d'*Hipparchia* battant *Theodore*, font deux actions bien différentes, & non une action d'une même efpece. Ainfi l'une peut être jufte & l'autre injufte. Outre cela, ce Philofophe pouvoit rétorquer l'argument & embarraffer la femme de CRATÈS ; & voici

comment, selon *Bayle* : « Si je faisois
« (c'est *Theodore* qui parle) la même
» action que votre mari auroit faite
» justement, on ne pourroit pas m'ac-
» cuser d'une action injuste. Or votre
» mari agit justement quand il vous
» baise *& cætera* : donc, si je vous bai-
» sois *& cætera*, on ne pourroit pas
» m'accuser d'une action injuste. On
» auroit vu (ajoute *Bayle*) si *Hipparchia*,
» qui étoit fort dévergondée, eût osé
» répondre, en présence de témoins,
» *concedo totum* » (1).

Notre Philosophe devoit être bien satisfait d'avoir le cœur d'une femme qui
étoit si éclairée. Elle lui faisoit supporter patiemment les mauvaises plaisante-
ries qu'il étoit obligé de partager avec
les autres Cyniques. Il est vrai qu'il se
les attiroit par ses réponses. Un jour un
petit-maître lui demanda jusqu'à quel
tems il vouloit philosopher : *Jusqu'à ce
que ce ne soit plus d'âniers qui conduisent
nos armées*, lui dit-il. Cela étoit un peu
dur ; mais on ne l'en estimoit pas moins.

Alexandre le Grand qui en faisoit
grand cas, & qui savoit que les Cyni-

____

(1) *Bayle*, *ubi suprà.*

ques n'acceptoient rien, voulut lui donner une preuve de son estime, en lui
offrant de rebâtir Thebes, sa patrie,
qu'il avoit détruite; mais il le remercia
en disant: *A quoi cela serviroit-il, puisqu'un autre Alexandre la détruiroit de
nouveau? D'ailleurs mon mépris pour la
gloire & ma pauvreté me tiennent lieu de
patrie: ce sont des biens que la fortune ne
peut me ravir. Je suis citoyen de Diogene, qui est au-dessus des traits de l'envie.*

Il appelloit le pays de la Philosophie
Besace, & il fit à ce sujet un Apologue
en vers burlesques, ainsi rendus par le
dernier Traducteur de *Diogene de Laërce*:
*Il y a une ville qui se nomme Besace,
située au milieu d'un sombre faste, mais
belle, opulente, arrosée, n'ayant rien, où
n'aborde jamais un insensé parasite, ni un
voluptueux qui cherche à se réjouir avec
sa courtisanne. Elle produit du thym, de
l'ail, des figues & du pain: autant de
biens pour lesquels ses habitants ne sont
jamais en guerre les uns contre les autres.
On n'y prend point les armes ni par con-
voitise pour l'argent, ni par ambition pour
la gloire.*

Ce n'est pas que notre Philosophe se
crût sans défauts, & qu'il pensât que le

Cynisme rendit un homme parfait. Il en est des hommes les plus sages, disoit-il, comme des meilleures grenades où l'on trouve toujours quelque grain pourri. Il éleva ses enfants dans ses principes; & lorsqu'ils eurent passé l'âge de puberté, il chercha à s'en débarrasser en les établissant suivant l'esprit de sa secte. Il mena son fils chez une servante qu'il connoissoit, & lui dit : *Voilà votre femme, vivez bien avec elle : souvenez-vous que les adulteres méritent les mêmes châtiments que les meurtriers ; que ceux qui voient des courtisannes s'attirent des censures qui les déshonorent, & que la crapule dégénere ordinairement en folie.* Il lui recommanda encore de ne point faire société avec les flatteurs; *car ceux qui se trouvent en leur compagnie, leur dit-il, ne sont pas moins abandonnés que les veaux parmi les loups : les uns & les autres, au lieu d'être avec ceux qui leur conviennent, sont environnés de pieges.*

Quant à ses filles il les maria à ses disciples, & les leur confia d'avance pendant trente jours pour voir s'ils pourroient vivre avec elles.

Cratès touchoit alors à la fin de sa carriere. Il plia enfin sous le poids des années ; mais il ne fut jamais malade. La veille de sa mort il chanta des vers qu'il avoit faits sur son voyage en l'autre monde. En voilà la pensée : *Tu t'en vas, cher ami, tout courbé, & tu descends aux enfers vouté de vieillesse.* Il fut enterré à Béotie.

On ne sait point s'il survécut à sa femme ; mais il est certain qu'il laissa un ouvrage de sa composition qu'on disoit contenir « une excellente Philosophie, » & dont le style approchoit de celui » de *Platon* ». *Diogene de Laërce* assure encore « qu'il fit des tragédies qui ren- » ferment des traits de la plus sublime » Philosophie », selon cet Historien. C'est tout ce que nous connoissons de ces ouvrages qui sont perdus depuis long tems.

Parmi le grand nombre de disciples qu'a eu notre Philosophe, on en distingue trois, savoir : *Monime*, *Metrocle* & *Bion*.

Monime étoit né à Syracuse. Il fut d'abord domestique d'un Banquier à Corinthe. *Xeniade*, Maître de *Diogene*, venoit souvent chez ce Banquier, & l'entretenoit de la vertu, des discours & des actions de ce Philosophe. *Monime*

trouva cela fort beau. Il voulut être
Philofophe ; & comme il ne falloit point
avoir de biens pour vivre comme *Diogene*, il réfolut de quitter fon Maître
pour fuivre fa doctrine. Afin d'avoir un
prétexte de rompre avec lui, il fit le
fou. Il jetta la monnoie du change &
tout l'argent de la banque. Son Maître
qui n'avoit pas d'abord fait attention à
fes actes de folie, jugea après ce trait
que la chofe n'étoit plus douteufe, &
qu'il ne falloit pas différer plus long-
tems de s'en défaire. C'eft ce que demandoit *Monime*. Il quitta fur le champ
fon habit, & prit l'habillement des Cyniques : je veux dire le manteau & la
beface.

Ainfi vêtu, il fe préfenta à l'école de
CRATÈS, & marcha bien-tôt fur fes
traces. Il acquit une fermeté d'efprit qui
lui fit méprifer la gloire & rechercher la
vérité. Il avoit le talent de donner des
dehors plaifants & comiques aux fujets
les plus férieux. Auffi compofa-t-il des
ouvrages de Morale, dont le ftyle étoit
fort gai

Le fecond difciple renommé de CRA-
TÈS eft *Metrocle* fon beau-frere, c'eft-à-
dire frere d'*Hipparchia*. Il fe livra d'a-

bord avec ardeur à l'étude ; mais une incommodité qui lui furvint interrompit fes travaux. Il étoit tourmenté de vents qu'il ne pouvoit retenir pendant fes exercices. Il s'enferma de défefpoir , & réfolut de fe laiffer mourir de faim. Cratès le fut. Egalement touché de fon accident & de fa fageffe , il alla le voir pour le confoler, après avoir mangé des lupins (efpeces de feves) qui le miffent dans le cas de rendre des vents. Il tâcha de lui remettre l'efprit , en lui difant qu'à moins d'une efpece de miracle, il ne pouvoit fe délivrer d'une incommodité à laquelle tous les hommes étoient fujets plus ou moins. Enfin ayant lâché lui-même quelques vents , il acheva de le perfuader par fon exemple. *Metrocle* convint qu'il avoit tort , & devint fon difciple.

Voilà ce que *Diogene de Laërce* nous apprend fur ce Philofophe. Ce même Hiftorien a écrit auffi qu'il diftinguoit les différentes manieres de faire des acquifitions. Il y a des chofes , difoit *Metrocle*, qui s'acquierent avec de l'argent, comme une maifon ; d'autres avec le tems & la diligence, comme l'inftruction. Un de fes mots auffi remarquable, étoit que les richesses sont nuisibles, à moins qu'on n'en fasse un bon usage. Ce disciple de CRATÈS étant parvenu à un âge avancé se fit mourir lui-même en s'étouffant.

Voici le plus célebre des disciples de CRATÈS. Il naquit à Boristhene, & étoit fils d'un affranchi & d'une fille publique. C'est ce qu'il avoua lui même à *Antigonus*, Roi de Macédoine, qui ayant entendu parler de lui, voulut savoir quel homme il étoit. Qui êtes-vous, lui dit-il, que le est votre patrie, quels sont vos parents? A ces questions *Bion* répondit : *Mon pere étoit un affranchi qui se mouchoit du coude* (c'est à-dire qui vendoit des choses salées). *Il tiroit son origine de Boristhene, & n'avoit point de visage, tant il étoit cicatrisé par les coups qu'ils avoit reçus de son Maître. Ma mere, femme telle que mon pere en pouvoit épouser, gagnoit sa vie dans un lieu de débauche. Mon pere ayant ensuite fraudé le péage, fut vendu avec sa maison. Un Rhéteur m'acheta parceque j'étois jeune & assez agréable : il mourut, & me laissa tout son bien. Je brûlai ses écrits ; & ayant tout ramassé, je vins à Athenes & devins Philosophe. Voilà mon origine dont je me glorifie ; & comme c'est-*

*là ce que j'avois à dire de moi-même, j'es-
père que Persée & Philonide n'en feront
point une histoire. Pour ce qui regarde ma
personne, vous pouvez en juger en me
voyant.*

Ce Philosophe fréquenta d'abord l'a-
cadémie de *Platon* ; mais il la quitta
bien-tôt pour s'attacher à CRATÈS. La
doctrine des Cyniques lui parut préfé-
rable à la doctrine de l'académie. Il prit
le manteau & la besace, & se fit gloire
d'être pauvre comme ses confreres.
Mais ce goût ne fut que passager. Il aimoit naturellement la pompe & le faste,
& il voyagea dans différentes villes
pour étaler sa suffisance. Il se fit suivre
à Rhodes dans le lieu des exercices par
une troupe de matelots habillés en écoliers, & entra avec ce cortege dans une
école pour se donner en spectacle. Il
vouloit qu'on crût qu'il avoit beaucoup
d'écoliers ; mais, quoiqu'il eût de l'esprit, & qu'il fût même fort éloquent,
peu de personnes avoient le courage de
se mettre au nombre de ses disciples,
parcequ'il avoit établi une maxime qui
leur étoit préjudiciable, c'est que tout
est commun entre amis.

Au reste *Bion* n'étoit point toujours

ſuffiſant. Suivant les occaſions il ſavoit mettre la vanité de côté. Il étoit ſouple, civil & honnête. Il étoit agréable lors même qu'il prêchoit la morale la plus auſtere. Il aimoit à faire rire, aſſaiſonnoit ſouvent ſa converſation de quolibets, & ſuggéroit des ſubtilités à ceux qui vouloient embarraſſer les Philoſophes. Il répandoit ainſi des fleurs ſur la Philoſophie. C'eſt une remarque qu'on a faite, qu'il eſt le premier qui a eu ce talent-là. On a dit encore qu'il réuſſiſſoit fort bien dans les parodies.

Cependant, quoiqu'il ſût ſe plier dans les occaſions, qu'il ſe prêtât à tout, il n'eſpéroit pas de capter l'eſtime de tout le monde. *A moins*, diſoit-il, *d'être tarte ou vin de Thaſos, il n'eſt pas poſſible de plaire à tout le monde.* Cette penſée revient à notre façon de s'exprimer ſur le même ſujet : *On n'eſt pas louis d'or pour plaire à tout le monde.* On entend ce que cela veut dire ; & cette expreſſion triviale ne mérite pas d'être analyſée, quoi qu'en diſe *Dion Chryſoſtome* qui a beaucoup diſcouru pour prouver que la penſée de *Bion* étoit fade.

Il y en a une autre de ce Philoſophe qui eſt plus digne d'attention : elle eſt renfermée dans la réponse qu'il fit à un homme qui lui demandoit s'il devoit se marier. *Si vous prenez une belle femme*, lui dit-il, *elle vous fera mal à la tête ; & si vous la prenez laide, elle vous fera mal au cœur*. Ce dilemme ne vaut rien , dit *Bayle* , ni à l'endroit , ni à l'envers. Premierement , il peut être rétorqué en disant : Si je prends une femme laide , elle ne sera point commune ; & si je la prends belle , elle ne sera point mon supplice. En second lieu , il est vicieux en ce qu'il conclut du particulier au général. La beauté d'une femme n'est point incompatible avec la vertu , & une femme laide peut avoir mille qualités qui la rendent chere à son époux. Il est vrai que saint *Chryfoftôme* fortifie affez bien le dilemme de *Bion* , en disant que ceux qui ont une belle femme font bien embarraffés de l'avoir , tant il est difficile de la garantir des obfeffions continuelles auxquelles elle est expofée; & que le mari qui a une femme laide ne trouve rien de pire que de la voir, tant c'est une chose dégoûtante. Mais *Bayle* coupe court à tous ces raifonnements par cette simple réponse :

Soit, dit-il, j'en veux courir les ha-
fards (2).

*B*on étoit un rieur qui s'amufoit de
tout. Il difoit que *le chemin de l'autre
monde eſt fort aifé , puifqu'on y va les
yeux fermés.* Il fe moquoit encore du
fupplice des Danaïdes qu'on croyoit
condamnées à puifer perpétuellement
de l'eau avec des cruches percées, &
il foutenoit qu'*on les puniroit bien mieux
ſi on leur faifoit porter de l'eau dans des
vaſes qui ne fuſſent pas troués.* Mais parmi
fes plaifanteries, il difoit quelquefois
des fentences qui lui font honneur. Voici
les plus dignes d'être connues.

I. La préfomption eſt le plus grand
obſtacle au progrès des Sciences.

II. Un riche avare au lieu de poffé-
der les richeſſes en eſt poffédé.

III. Les avares qui gardent avec foin
leurs tréfors, n'en jouiſſent pas plus que
s'ils n'étoient pas à eux.

IV. Quand nous fommes jeunes nous
comptons fur nos forces; lorfque nous
commençons à vieillir, nous nous ré-
glons par la prudence.

---

(2) *Dictionn. de Bayle* , art. *Bion.*

V. La prudence eſt une vertu auſſi différente des autres vertus, que le ſens de la vue l'eſt des autres ſens.

VI. Ne reprochez à perſonne la vieilleſſe comme un défaut, puiſque tout le monde ſouhaite d'y parvenir.

VII. La vieilleſſe eſt le port où abordent tous les maux.

VIII. Rien n'eſt plus difficile à deviner que la cauſe de la triſteſſe d'un envieux. On ne ſait s'il s'afflige du malheur qui lui eſt arrivé ou du bonheur d'autrui.

IX. Il faut conſerver ſes amis de peur qu'on ne ſoit accuſé d'avoir cultivé les mauvais & négligé les bons.

X. L'impiété eſt une mauvaiſe compagne de la ſécurité, qui trahit l'homme le plus fier.

XI. La gloire eſt la mere des années; la beauté eſt un bien pour les autres, & la richeſſe eſt le nerf de toutes choſes.

Bion, après avoir porté long-tems le manteau & la beſace, s'en dégoûta. Il quitta la ſecte des Cyniques pour celle des Theodoriens (3). De l'école de *Theo-*

---

(3) On trouvera la doctrine de cette ſecte à la fin de l'hiſtoire d'*Ariſtippe*, dans le ſecond volume de cette *Hiſtoire des Philoſophes anciens*.

doré il passa à celle de *Theophraste* : enfin il devint Athée, & finit par être superstitieux. Etant tombé malade à Chalcis, il eut recours aux amulettes, qui, selon le vulgaire, avoient la vertu de chasser tous les maux. Il souffrit beaucoup dans sa maladie, n'étant secouru que de ceux qui avoient soin des malades, & qui n'étoient point en état de lui donner toutes les choses dont il pouvoit avoir besoin. *Antigonus* ayant appris sa situation, lui envoya deux domestiques qui le servirent. Il suivoit ce Prince dans une litiere ; mais quelque soin qu'on eût de sa santé, il mourut de cette maladie. On ne sait ni à quel âge ni en quel tems.

ZENON DE CITTIE.

ZENON*.

QUELQUE estimable que fût la secte
des Cyniques, en ce qu'elle méprisoit
les richesses, les disgraces & les injures, elle n'en étoit pas moins répréhen-
sible sur son indifférence à l'égard des
actions les plus honteuses & les plus
indécentes. C'est ce que reconnut le premier, un disciple de *Cratès*, nommé ZE-
NON. Il blâma hautement cette indifférence, & soutint qu'on devoit respecter,
du moins en public, les bienséances &
les loix. Il reforma donc cette partie de
la doctrine de son Maître, & voulut
perfectionner celle qui a pour objet l'a-
mour de la tranquillité & de l'indépendance. Il ne crut pas qu'on pût jouir de
l'une sans l'autre, si l'on ne se rendoit
aussi insensible aux maux physiques
qu'aux maladies de l'ame. Cela paroîs-
soit difficile ; mais ZENON établit pour
base de sa Philosophie, que la douleur
n'est point un mal, principe si extraor-

Diogene de Laërce, L. VII. *Hist. Phil. Autore Thomâ
Stanleio. Jacobi Bruckeri Histor. crit. Philosophiæ*, T. I,
&c. &c.

dinaire, qu'au lieu de former un Sage, un homme vertueux, ZENON ébaucha l'idée d'un homme de fer qui se roidit contre les charmes de la volupté, & qui s'estime encore heureux dans le sein de l'indigence, & même dans le taureau de Phalaris (1).

Ce Philosophe naquit environ trois cents cinquante-huit ans avant *Jesus-Christ*, ou la cent sixieme olympiade, à Cittie en Chypre, petite ville Grecque où s'étoit établie une colonie de Phéniciens. On ne sait pas même bien le nom de son pere. Il s'appelloit *Mnasée*, suivant quelques Historiens, & *Demée*, selon d'autres. Mais on assure qu'il étoit Marchand.

ZENON fut d'abord destiné au commerce. Il négocia comme son pere, & s'enrichit. Peu content néanmoins de cet état, il voulut en prendre un autre. Il fut embarrassé du choix. Pour savoir quel étoit le meilleur genre de vie qu'il pût embrasser, il alla consulter l'Oracle, & l'Oracle lui répondit que l'état qu'il devoit choisir étoit celui qui

---

(1) *Vitam beatam*, dit Ciceron, *in Phalaridis taurum descensuram. Tuscul.* L. I.

le

le feroit converfer avec les morts. Zenon comprit le fens de cette réponfe,
& réfolut de s'appliquer à la lecture des
Anciens. Cela n'étoit pas aifé dans la
petite ville où il étoit né, ni même dans
l'île de Chypre. Il n'y avoit guere qu'à
Athenes qu'il pût trouver des livres:
auffi en prit-il le chemin. Il avoit alors
près de trente ans.

Un jour qu'il fe promenoit dans cette
ville, on vint lui dire que le vaiffeau fur
lequel il avoit mis la plus grande partie
de fon bien avoit fait naufrage. Etourdi
par une nouvelle fi affligeante, il entra
brufquement dans la boutique d'un Libraire, & ouvrit le premier livre qui lui
tomba fous la main : c'étoit le fecond
livre des Commentaires de *Xenophon*.
Cette lecture lui fit tant de plaifir, qu'il
oublia fon chagrin, & dit au Libraire:
Où trouverois-je quelqu'un de ceux qui en-
feignent une doctrine fi confolante? Il avoit
à peine achevé de prononcer ces mots,
que *Cratès* paffa devant la boutique; &
le Libraire l'ayant reconnu, il le montra à Zenon, en difant: Suivez cet
homme-là, vous ne pouvez prendre un
meilleur guide.

Notre Philofophe profita de cet avis

ſans héſiter. Les leçons de *Cratès* lui plu-
rent d'abord ; mais né naturellement
modeſte , il ne put s'accoutumer au mépris qu'il faiſoit de la honte. *Cratès* voulant l'aguerrir à ſa maniere de vivre, lui
donna à porter en plein jour un pot de
lentilles. Il falloit traverſer une place
publique. ZENON ſe couvrit le viſage
pour n'être pas reconnu , & doubla le
pas. *Cratès* s'en apperçut , courut à lui,
& caſſa d'un coup de ſon bâton le pot
qu'il portoit , de ſorte que toutes les
lentilles ſe répandirent ſur l'habit de ſon
diſciple. Celui-ci, confus de cet accident , s'enfuit pour ſe cacher. « Pour-
» quoi t'en vas tu , petit Phénicien , lui
» cria *Cratès?* je ne t'ai fait aucun mal ».

Cela étoit vrai ; mais cela n'empêcha
pas que ZENON ne fût très fâché de
cette aventure. Il ſe contenta de cette
leçon , & inſenſiblement il abandonna
l'école des Cyniques. Il s'étoit appliqué
ſur-tout dans cette école à compoſer un
ouvrage ſur la République , & il le publia lorſqu'il l'eut quittée. Ce qui fit dire
plaiſamment qu'il avoit écrit ſous la
queue d'un chien ſon livre *De la Répu-*
plique : c'étoit le titre de ce livre dans
lequel il prétend donner des principes

de législation. Premièrement, il soutient que l'étude des Humanités est inutile. Il déclare ensuite que ceux-là sont esclaves & étrangers qui ne remplissent pas leurs devoirs, sans même excepter les peres à l'égard de leursenfants, les freres à l'égard de leurs freres, & en général les parents les uns envers les autres. Il veut encore qu'il n'y ait que ceux qui s'attachent à la vertu, qui méritent la qualité de parents, d'amis, de citoyens & de personnes libres. Ainsi il permet de haïr les parents & les enfants qui ne font pas profession d'être sages. Enfin il établit la communauté des femmes.

Cependant, quoique notre Philosophe ne goûtât pas la doctrine des Cyniques, il ne sentoit pas moins le prix & les avantages de la Philosophie. Il se félicitoit même souvent de son malheur qui lui avoit donné occasion de la cultiver, & il disoit que jamais navigation n'avoit été aussi heureuse pour lui que celle où il avoit fait naufrage. Résolu de la cultiver jusqu'à la fin de ses jours, il chercha une école de Philosophie où l'on enseignât une doctrine plus conforme à son goût que celle qu'on professoit dans le Cynosarque. Celle que tenoit

Stilpon, disciple d'*Euclide* de Megare, étoit alors célebre à Athenes, & *Stilpon* étoit extrêmement honnête & obligeant. C'étoit un caractere qui convenoit assez à ZENON: aussi ne balança-t-il pas à y aller puiser de nouvelles connoissances.

Cratès fut fâché de cette désertion. Comme il estimoit son disciple, il voulut le ramener à son école. L'ayant rencontré un jour avec *Stilpon*, il le tira par son habit pour l'empêcher de suivre ce Philosophe; mais ZENON lui fit quitter prise par ce discours: *Cratès, on ne peut bien prendre les Philosophes que par l'oreille. Quand vous m'aurez persuadé, tirez-moi par-là; car si vous me faites violence autrement, mon corps sera bien présent à vos instructions, mais j'aurai l'esprit auprès de* Stilpon.

Ce ne fut pas sans peine que notre Philosophe se sépara de son premier Maître. Quoiqu'opposé de sentiment avec lui, il ne faisoit pas moins de cas des qualités de son cœur: il l'aimoit véritablement, & il ne négligeoit aucune occasion de lui donner des preuves de son amitié. Ayant appris qu'il avoit besoin d'argent, il prit le couvercle d'un vaisseau où l'on mettoit l'huile pour les athletes, & alla faire une quête pour lui.

Après avoir écouté *Stilpon* pendant dix ans, ZENON fréquenta l'école de *Xenocrate* & celle de *Polemon*, & il étudia encore dix ans sous ces Maîtres. Il avoit alors cinquante ans. C'étoit un âge assez avancé pour prendre enfin un parti. Celui qui lui parut le plus raisonnable, ce fut d'adopter la Philosophie des Cyniques, & de la purger des écarts qu'il y remarqua, & dont j'ai parlé au commencement de cette vie. Il forma ainsi une nouvelle doctrine qu'il résolut de rendre publique par la voie de l'instruction, tant de théorie que de pratique.

Il eut d'abord beaucoup de peine à mettre son projet à exécution; & lorsqu'il étoit embarrassé, il alloit furtivement écouter les leçons de *Stilpon*. Ce Philosophe l'apperçut un jour, & lui dit : « En vain, ZENON, vous vous ca- » chez : nous savons que vous vous glis- » sez ici par les portes de notre jardin » pour dérober nos dogmes que vous » habillez ensuite à la phénicienne ». Un disciple de *Polemon* lui montra une efpece de fyllogifme, qu'on appelloit *mourant*, qui étoit une belle chofe, à ce qu'on affure, mais que nous ne connoiffons que par le nom. Notre Philofophe en fut fi enchanté, qu'il lui demanda ce qu'il en vouloit : cent drachmes, lui répondit le Dialecticien. C'étoit bien payer un raifonnement ; néanmoins Zenon en donna deux cents, tant il le trouva beau, & tant il étoit curieux de s'inftruire.

Il falloit qu'il fût encore riche pour être fi libéral, malgré la grande perte qu'il avoit faite. Il eft vrai que fa vie ne lui coûtoit rien. Il fe nourriffoit d'abord de petits pains, de miel, & d'un peu de vin aromatique, & il trouva dans la fuite qu'il faifoit trop bonne chere. Il ne mangea déformais que des figues & du pain, & ne but que de l'eau. Ses vêtements répondoient affez à fa façon de vivre : ils étoient fimples & légers. Il vécut ainfi conftamment jufqu'à la fin de fa carriere ; de maniere que ni les rigueurs de l'hiver, ni les ardeurs de l'été, ni les incommodités ne dérangerent jamais cette conduite. Il pratiqua la patience & la fimplicité avec une fermeté inébranlable, & rien ne fut capable de déranger l'assiduité avec laquelle il s'attacha jour & nuit à l'étude.

Son mépris pour la volupté égaloit celui qu'il avoit pour les commodités de la vie. Il évitoit avec soin le commerce des femmes. Un jour se trouvant assis à côté d'une fille aimable, il sentit quelques mouvements de concupiscence : il se leva tout-d'un-coup. Cette fille en parut fort surprise. *Que cela ne vous étonne pas*, lui dit ZENON : *j'ai appris que les bons Médecins ne trouvent point de meilleur remede que le repos contre les inflammations.* Cependant, comme il craignoit qu'on interprétât mal sa tempérance, & qu'on lui fît un crime de fuir les femmes, il joint une ou deux fois d'une servante, afin de n'avoir point la réputation de les haïr.

Il commença par donner des leçons de Morale aux jeunes gens dans les rues & à la promenade. *Rien ne sied plus mal que l'orgueil*, leur disoit-il : *il ne suffit pas de saisir les phrases & les termes d'un bon discours, mais il faut s'appliquer à en saisir le sens, afin de ne pas le recevoir comme on avale un bouillon ou quelque autre aliment.* Il leur recommandoit aussi la bien-

séance dans leurs démarches, leur air &
leur habillement, & leur citoit souvent
ce vers d'*Euripide* sur Capanée : *Quoiqu'il eût de quoi vivre, il ne s'enorgueil-
lissoit pas de sa fortune : il n'avoit pas plus
de vanité que n'en a un nécessiteux.*

Il ne manquoit pas de les reprendre
en même tems de leur vice. Un jeune
homme parut devant lui tout parfumé,
& il s'informa tout haut quel étoit cet
homme qui sentoit la femme. Une autre fois il en rencontra un qui parloit
inconsidérément, & il le fit taire en lui
disant : *Mon fils, nous avons deux oreilles
& une seule bouche pour nous apprendre
que nous devons beaucoup plus écouter que
parler.* Il regardoit le silence comme une
belle vertu, & il ne négligeoit aucune
occasion de le recommander.

Ayant été invité à un repas où les
convives parloient beaucoup, on remarqua qu'il ne disoit mot. On lui en
demanda la raison, & il répondit : *C'est
afin que vous rapportiez au Roi qu'il y a
ici quelqu'un qui sait se taire.* Ce discours
s'adressoit sur-tout à des personnes de
l'assemblée qui étoient venues *incognito*
de la part de *Ptolomée* pour épier sa
conduite, & en faire rapport à ce Prince.

Il se trouva une autre fois avec un gourmand qui s'emparoit de tous les mets.
On servit un gros poisson : ZENON le
tira vers lui, comme s'il avoit voulu le
manger seul. Le gourmand le regarda
fixement, & notre Philosophe lui dit :
Si vous ne pouvez un seul jour souffrir ma
gourmandise, jugez combien la vôtre doit
déplaire journellement à vos camarades.

On est d'abord surpris de ce qu'un
Philosophe aussi austere que celui dont
j'écris l'histoire, se trouve dans de
grands festins ; mais il se justifioit de ce
reproche, en disant que *les lupins,*
quoiqu'amers, perdent leur amertume
dans l'eau. Et puis c'étoit une occasion
de faire connoître la doctrine qu'il professoit.

Ce Philosophe continua pendant quelque tems à enseigner publiquement sa
Philosophie suivant les occasions & les
circonstances. Il accusoit la plupart des
Philosophes de manquer de sagesse dans
les grandes choses & d'expérience dans
les petites, & qui sont sujettes au hasard. Il disoit que celui qui dispute de
quelque chose doit ressembler aux Co-
médiens, avoir la voix bonne & la poitrine forte ; mais il ne doit pas trop

ouvrir la bouche comme les grands par-
leurs qui ne débitent que des fadaises.
Il ajoutoit que ceux qui veulent bien
parler, doivent imiter les artisans qui
ne changent point de lieu pour se donner
en spectacle, & que ceux qui les écoutent doivent être si attentifs, qu'ils n'aient
pas le tems de faire des observations.

Un jour il fut abordé par un jeune
homme qui crut se faire valoir en parlant beaucoup. ZENON l'interrompit par
ces paroles : *Mes oreilles sont fondues
dans ta bouche.* Cela signifie sans doute,
je suis si étourdi, que je ne t'entends
plus. Il ne craignoit rien tant que les
bavards : il fuyoit aussi la cohue. Il ne
se promenoit guere qu'avec deux ou
trois personnes, & exigeoit quelquefois
un denier de ceux qui l'entouroient,
afin d'écarter la multitude. Dans le tems
qu'il conversoit avec ses amis, quelqu'un vint le consulter sur des injures
qu'il avoit reçues. Comment agiriez-
vous, lui dit-il, avec un homme qui
vous accableroit d'injures ? *Comme avec
un envoyé que l'on congédie sans réponse,*
reprit notre Philosophe. Une autre personne lui demanda ce que c'est qu'un
ami : *C'est un autre soi-même,* répondit-il.

Un jeune garçon vint auffi lui faire des queftions plus curieufes que ne comportoit fon âge. Il le mena vis-à-vis d'un miroir : *Voyez*, lui dit-il, *regardez-vous, & jugez fi vos queftions font afforties à votre jeuneffe.* Un inconnu crut être bien accueilli de ZENON, en lui faifant voir une critique jufte qu'il avoit faite de quelques penfées d'*Antifthene*. Au lieu de lui répondre, notre Philofophe lui préfenta un difcours de *Sophocle*, & lui demanda s'il ne croyoit pas qu'il contint de belles & bonnes chofes : l'autre dit qu'il n'en favoit rien. *N'avez-vous donc pas honte*, reprit ZENON, *de vous fouvenir de ce qu'*Antifthene *peut avoir mal dit, & de négliger d'apprendre ce qu'on a dit de bon ?* Un autre prétendant à la Philofophie s'adreffa à lui pour lui demander raifon de la briéveté des difcours des Philofophes. *Parcequ'ils ne fauroient être trop courts*, lui dit ZENON. *Il faudroit même, s'il étoit poffible, qu'ils abrégeaffent jufqu'à leurs fyllabes.* Et un ami de celui-ci ayant blâmé en même tems *Polemon* de ce qu'il avoit coutume de prendre une matiere & d'en traiter une autre, notre Philofophe qui l'entendit lui adreffa ces paroles : *Il paroît que*

vous faisiez grand cas de ce qu'on vous don-
noit (Polemon enseignoit gratis).

Las d'être Philosophe errant, ZENON
voulut à la fin se fixer pour donner publiquement & en forme des leçons d'u-
ne nouvelle doctrine. A plusieurs endroits convenables pour y établir son
école, ce Philosophe préféra le Portique. C'étoit une galerie enrichie de diverses peintures, mais souillée par le
meurtre de mille quatre cents citoyens
que les trente tyrans avoient fait mourir. ZENON voulut effacer l'odieux de
cet endroit, en y enseignant la Philosophie ; & comme le nom de Portique
est *Stoa* en Grec, ses disciples s'appelle-
rent *Stoïciens.*

Avant que d'ouvrir son école, notre
Philosophe chercha à établir les maximes de sa conduite & de celle de ses
disciples. Comme il vouloit commencer
par leur faire connoître la sagesse, il
forma le sage d'après lui-même, afin
qu'ils eussent un modele devant les
yeux. Et voici de quelle maniere il crut
devoir se conduire pour mériter le nom
de Sage.

Il vécut dans le monde comme s'il
n'avoit rien eu en propre. Tous les hom-

mes, jufqu'à fes ennemis, lui furent
chers. Il combattit fes paffions avec tant
de fuccès, qu'elles n'eurent plus déformais aucun empire fur lui. Il examina le
foir ce qu'il avoit fait dans la journée
pour s'exciter de plus en plus à faire
mieux. Confidérant que la vertu eft la
feule récompenfe, il renonça aux honneurs & aux louanges, & ne chercha
que l'obfcurité. Tout, excepté la vertu,
lui devint indifférent. Rien ne fut capable de l'émouvoir, ni les larmes de celui qu'il confoloit, ni la mort de celui
qu'il tâchoit de rappeller à la vie. Il regarda la pitié & la commifération comme une oppofition à la volonté de
Dieu. Il méprifa la vie & fes amufe-
ments, ne craignit point les maladies,
fe roidit contre la douleur & contre la
mort même. Enfin il devint un homme
d'airain qu'on pouvoit bien brifer, mais
non attendrir fur fes propres calamités.
Auffi indifférent de recevoir la mort que
de fe la donner, il réfolut de ne point
attendre l'extrémité pour ufer de ce remede, & d'en faire ufage lorfqu'il ver-
roit que le fort a changé.

Tel parut ZENON dans le Portique,
& tels furent les Stoïciens, je veux dire

ſes diſciples. Son maintien & ſa maniere d'être répondoient aſſez à l'auſtérité de ſa morale. Il avoit l'air triſte & chagrin. Il ridoit ſon front, tiroit ſa bouche, & paroiſſoit fort groſſier. De tous les principes de ſa ſageſſe, celui qu'on trouva le plus extraordinaire, & qui par conſéquent lui acquit le plus de ſectateurs, ce fut celui-ci : La douleur n'eſt point un mal. Perſonne ne s'attendoit à cette découverte ; & la nouvelle s'en étant répandue, on voulut ſavoir comment cela pouvoit être. On viſita des Stoïciens qui étoient malades, & on leur demanda s'ils ſouffroient. Non, dirent ils hautement : Douleur, tu as beau faire, nous ne conviendrons jamais que tu ſois un mal *. Il y en eut un cependant qui ſe démentit.

---

* C'eſt la réponſe que fit un célebre Stoïcien, nommé *Poſſidonius*, qui profeſſoit la Philoſophie à Rome avec éclat, & qui eut la gloire de compter *Ciceron* au nombre de ſes diſciples. Etant tourmenté de la goutte, il reçut la viſite de *Pompée*. Après lui avoir fait toutes ſortes de civilités, *Pompée* lui témoigna le chagrin qu'il avoit de le voir incommodé, & d'être privé du plaiſir de l'entendre. *Vous m'entendrez*, reprit *Poſſidonius*. *Il ne ſera pas dit qu'une douleur corporelle ſoit cauſe qu'un auſſi grand homme ait inutilement pris la peine de ſe rendre chez moi.* Enſuite ce Philoſophe commença à diſcourir fort éloquemment & avec beaucoup de gravité ſur cette maxime : *Il n'y a de bon que ce qui eſt honnête* ; & comme

Il s'appelloit *Denis d'Heraclée.* Ayant été attaqué d'une maladie cruelle aux yeux, il souffroit les plus vives douleurs. *Cleanthe*, disciple zélé de ZENON, l'exhortoit à la patience & à la résignation aux décrets de la Providence. Consolez-vous, lui disoit-il, la douleur n'est pas un mal. Non, répondit *Denis*, ne m'en parlez pas. Après avoir tant philosophé sur le mépris de la douleur, je ne puis aujourd'hui la souffrir. La douleur est donc un mal. Cette conséquence paroît bien tirée : elle peut être cependant fausse. Cela dépend de la définition du mot *mal*.

Les Stoïciens disent que la douleur n'est point un mal, parcequ'elle n'est ni un vice ni un crime, & cela est vrai. Ainsi, si par le mot *mal* on entend un vice ou un crime, il est certain que la douleur n'en est pas un. Mais qu'est-ce

---

les douleurs se faisoient sentir de tems en tems avec plus de force, il s'écrioit : *O douleur ! tu as beau faire, je n'avouerai jamais que tu sois un mal.*

Ciceron dit que *Possidonius* avoit inventé une sphere artificielle qui montroit les mouvemens du Soleil, de la Lune, & des autres planetes. Et *Diogene de Laërce* nous apprend que c'étoit un homme universel, qu'il étoit Rhétoricien, Géographe, Musicien, & qu'il savoit aussi l'Histoire.

que la douleur ? C'eſt le ſentiment qu'on
éprouve lorſqu'on ſouffre. En un mot la
douleur eſt la douleur & le mal eſt le
mal. Voilà ce que diſent les Stoïciens,
& voilà à quoi ſe réduiſent tous ces
grands raiſonnements qu'on a faits pour
combattre leur ſyſtême du mal. Il n'y
avoit qu'à s'entendre & bien définir les
mots *douleur* & *mal*, pour faire ceſſer
toutes les diſputes à cet égard.

ZENON enſeignoit une autre doctrine
qu'il énonçoit plus clairement que ſon
ſyſtême du mal & de la douleur : c'eſt
que nous ſommes ſoumis à une deſtinée
inévitable, que tout arrive par un enchaînement néceſſaire, que les événements ſe ſuccedent les uns aux autres,
ſans que rien puiſſe déranger leur cours,
& enfin que l'homme n'eſt point libre.

Cette doctrine eſt dangereuſe : elle
met au même rang les bonnes & les
mauvaiſes actions. On n'a donc pas droit
de punir quelqu'un pour avoir fait une
faute. C'eſt ce que fit remarquer à ZE-
NON ſon propre domeſtique, lorſque ce
Philoſophe découvrit qu'il l'avoit volé.
Je vous ai volé, il eſt vrai, lui dit-il;
mais ce n'eſt pas ma faute : comme
l'homme n'eſt pas libre, je ne pouvois

me difpenfer de le faire. En un mot j'é-
tois deftiné à dérober. *Oui*, lui répondit
Zenon en le frappant, *& à être battu.*

Cependant notre Philofophe dédui-
foit de ce dernier fyftême un autre auffi
révoltant. Le mal moral & le mal phyfique ne font pas moins néceffaires, difoit-il, à la beauté & à la perfection de
l'Univers que le bien phyfique & le bien
moral. Les hommes vicieux, les imbé-
ciles & les infenfés fervent autant,
ajoutoit il, à former le caractere du
genre humain que les hommes vertueux, les gens d'efprit & les fages. Il
n'y a rien qui n'ait befoin d'être con-
trafté, & qui ne reçoive un nouvel
éclat de ce qui lui eft oppofé. D'où
Zenon concluoit qu'on ne doit ni s'applaudir ni fe plaindre de fa deftinée,
& être content de fes vertus, fans fe
méfeftimer pour fes vices.

L'Auteur de l'Hiftoire critique de la
Philofophie rapporte à cette occafion
une priere plus que finguliere, qui étoit,
dit-il, au goût des Stoïciens même les
plus relâchés. La voici: « O Jupiter! ô
» vous! qui êtes toutes chofes, ordon-
» nez de mon fort, je vous fuivrai
» avenglément. Que je fois taché de

» mille crimes, ou que je fois brillant
» de mille vertus, je me trouve égale-
» ment néceffaire à la perfection de
» vos ouvrages. O Jupiter ! ô Tout !
» vous ne pouvez vous paffer de moi.
» Je comprends & je fubis volontaire-
» ment ma deftinée » (4).

Voilà ce qui s'appelle parler comme
il faut à la divinité. L'Auteur attribue
cette priere à *Cleanthe*, un des difciples
de ZENON ; mais quels font fes garants ?
Diogene de Laërce, dans la vie de *Cleanthe*, n'en parle point du tout. Bien loin
de le donner pour un homme hardi, il
dit que c'étoit un homme fimple, extrêmement timide, « qui avoit beau-
» coup d'inclination pour la fcience &
» peu de capacité d'efprit ». Ses compagnons fe moquoient fans ceffe de lui,
& fon mérite confiftoit à fouffrir patiemment leurs railleries fans fe plaindre. On l'appelloit âne, & il convenoit
qu'il étoit celui de ZENON, dont il pouvoit porter feul le paquet. On lui faifoit auffi honte de fa timidité, & il répondoit : « C'eft un heureux défaut :
» j'en commets moins de fautes ».

____

(4) *Hiftoire critique de la Philofophie*, Tome II , page
410 , derniere édition.

Tel étoit le caractere de *Cleanthe*. Ce caractere porte-t-il l'empreinte de hauteur & de fierté qu'on voit dans la priere qu'on lui attribue dans l'Histoire critique de la Philosophie ? Cette piece est furement supposée, & il est étonnant qu'on l'ait donnée pour une piece réelle.

Tous ces systêmes n'étoient encore que les matériaux d'un corps complet de Philosophie que ZENON vouloit professer dans le Portique. Il résolut de traiter les choses en grand. A cette fin il divisa la Philosophie en trois parties, en Logique, Morale & Physique, & la compara à un animal dont les os & les nerfs font, dit-il, la Logique, les chairs la Morale, & l'ame la Physique. Il la considéra aussi comme une ville entourée de murailles & sagement gouvernée par ces trois parties : je veux dire la Logique, la Morale & la Physique.

Après s'être formé cette idée de la Philosophie, il étudia en particulier chacune de ses divisions, & établit des regles & des principes pour les approfondir autant qu'il lui seroit possible. Il forma ainsi une science toute nouvelle qui devint un véritable cours de Philosophie. Ses grands travaux, quelques ouvrages

qu'il publia sur divers sujets de Morale ,
son grand désintéressement & sa tempérance lui acquirent une estime uni-
verselle. *Plus tempérant que le Philosophe*
ZENON, étoit un proverbe généralement
reçu. En un mot il surpassoit tout le
monde en tempérance & en gravité.
Aussi jouit - il jusqu'au dernier jour de
sa vie de la considération la plus distinguée.

Il étoit parvenu à l'âge de quatre-
vingt-dix-huit ans sans avoir eu de maladie , lorsqu'en sortant de son école il
se laissa tomber & se cassa un doigt. Il
crut que c'étoit un avis de la mort de
quitter la vie. Il frappa la terre avec sa
main ; & après avoir proféré ces mots :
Je viens de moi-même , ô mort ! pourquoi
m'appelles-tu ? il s'étrangla, suivant quelques Historiens ; & si l'on en croit d'autres , il se laissa mourir de faim.

Il fut enterré avec pompe dans la
place Ceramique. Pour honorer sa mémoire , les Athéniens firent un décret
non moins honorable pour le peuple que
pour le Philosophe. Ils y déclarerent
que ZENON avoit toujours cultivé la
Philosophie ; qu'il s'étoit montré un
homme de bien dans toutes ses actions ;

qu'il avoit exhorté à la vertu & à la
sagesse les jeunes gens qui venoient
prendre ses instructions ; qu'il avoit ex-
cité tout le monde à bien faire par l'e-
xemple de sa propre vie , toujours conforme à sa doctrine. Ils statuerent encore qu'on lui éleveroit sur le lieu de sa
sépulture un mausolée surmonté d'une
couronne d'or ; que l'Ecrivain public
transcriroit ce décret sur deux colonnes,
dont l'une seroit dans l'Académie , &
l'autre dans le Lycée ; & que ce monument & ces colonnes seroient construits
aux frais du public, « afin que tout le
» monde sût que les Athéniens hono-
» rent les gens de bien autant pendant
» leur vie qu'après leur mort ».

Mais ce qui met le comble à sa gloire,
c'est le zele avec lequel on s'empressa
à répandre sa doctrine. Peu de Maîtres
en Philosophie ont eu autant de disciples
que ZENON. Les plus célebres sont *Ariston* de Chio , *Herille* de Carthagene ,
Denis d'Heraclée , *Cleanthe* , & *Chrysippe*
lequel termina l'école Stoïcienne , qu'il
combattit sur plusieurs points, comme
on le verra dans son histoire particuliere.

Ariston n'adopta que la morale de la

doctrine de son Maître. Il ne voulut point qu'on s'appliquât ni à la Physique ni à la Logique, parceque l'une de ces sciences est, disoit-il, au-dessus de nous, & que l'autre ne nous intéresse point. Il comparoit les raisonnements de la Dialectique aux toiles d'araignée, qui, quoiqu'elles semblent renfermer beaucoup d'art, ne sont d'aucun usage. Il n'admettroit ni vice ni vertu, & regardoit de même œil toutes les choses de ce monde. Il définissoit la vertu *la maniere dont il faut se conduire par rapport à une chose.*

Cela n'est pas clair. Qu'est-ce qu'une maniere dont il faut se conduire ? La maniere & la chose donnent-elles une idée de la vertu ? Si *Ariston* n'eût pas méprisé la Dialectique, il auroit su l'art de définir. Au reste ce Philosophe avoit beaucoup de talent pour persuader, & étoit extrêmement populaire dans ses leçons.

Diogene de Laërce qui nous apprend ces particularités de sa vie, dit qu'il mourut d'un coup de soleil.

Herille définissoit la science *une capacité d'imagination à recevoir les choses qui sont le sujet de la raison*, & il l'établissoit pour fin. Il foutenoit que les chofes qui tiennent le milieu entre le vice & la vertu font indifférentes ; & voilà ce que ce Philofophe a dit de mieux. On dit qu'il s'eft auffi diftingué par fes écrits ; mais nous n'en connoiffons que les titres.

On a vu ci-devant le caractere de *Cleanthe*. C'étoit un Philofophe fort pauvre qui gagnoit fon pain à la fueur de fon front. Il travailloit à la terre, & il lui arrivoit quelquefois de parler en béchant. *Arifton* le prit un jour fur le fait : il lui dit : *Qui grondez-vous ? Cleanthe* fe mit à rire, & répondit : *Je murmure contre un vieillard qui, quoique chauve, manque de bon fens.* Il vouloit dire qu'il fe grondoit lui-même.

Ce n'eft pas qu'il fe plaignît de fon état. Il regardoit le travail comme un bien, & il en parloit avec tranfport. Un Lacédémonien lui ayant dit qu'il penfoit de même, il s'écria : *Mon cher fils, je vois bien que tu es né d'un fang généreux.* Ainfi cultivant tour-à-tour & la terre & la Philofophie, il parvint gaiement à une extrême vieilleffe. Quelqu'un lui reprocha de ce qu'à un âge fi avancé il ne finiffoit pas fes jours, *J'en*

ai bien la pensée, répondit-il ; *mais , lorfque je confidere que je me porte bien à tous
égards , que je puis lire , que je fuis en état
d'écrire , je change d'avis.* Il écrivoit en
effet ; & lorfqu'il n'avoit pas d'argent
pour acheter du papier , il fe fervoit de
crânes & d'os de bœufs. Cette maniere
de vivre lui acquit tant d'eftime , que
ZENON le choifit pour lui fuccéder.

Cependant , quoiqu'attaché à la vie,
il fe laiffa mourir de faim. Il touchoit
alors à la fin de fa carriere. Voici ce qui
le détermina à prendre ce parti. Une de
fes gencives s'étant enflée & pourrie ,
les Médecins qu'il confulta lui preferi-
virent une abftinence de toute nourriture pendant deux jours. Cette diete
lui procura un fi grand foulagement ,
que les Médecins étant venus le voir au
bout de ce tems-là lui permirent de vivre comme à l'ordinaire ; mais *Cleanthe*
ne jugea pas à propos de fuivre leur
avis. Il profita de cette occafion pour
mourir ; & ayant ceffé de manger , il
mourut effectivement.

Ce Philofophe a beaucoup écrit , &
cela eft étonnant , vu l'obligation où il
étoit de travailler à la terre pour vivre.
On ne connoît que les titres de fes ouvrages.

vrages. Ce font des traités de Morale, de Légiſlation & de Logique. Parmi ces traités il en eſt un qui eſt intitulé *De l'art d'aimer* ; & c'eſt une choſe qui mérite d'être remarquée. *Diogene de Laërce* dit que toutes ces productions étoient excellentes. Cela peut être, car *Cléanthe* avoit beaucoup de connoiſſances. Quoiqu'il maniât la beche par état & par néceſſité, il apprécioit fort bien les Savants. Il comparoit, par exemple, les Péripatéticiens aux inſtruments de Muſique qui rendent des ſons agréables, mais qui ne s'entendent pas eux-mêmes. Il faut avouer que cette comparaiſon eſt ingénieuſe, & qu'elle donne une idée aſſez juſte de la doctrine d'*Ariſtote*, Chef des Péripatéticiens.

Cléanthe a donc pu ſe réunir avec les autres diſciples de ZENON pour perfectionner ſa doctrine. De leur commun travail il a réſulté un corps aſſez complet de Philoſophie, mais fort peu intelligible. On en jugera par l'expoſition de ſes principes.

Principes de la Rhétorique de ZENON.

La Philoſophie a trois parties, la Logique, la Morale & la Phyſique. La

Logique est composée de la Rhétorique
& de la Dialectique. On entend par Rhétorique *l'art de bien dire & de persuader.*
Cet art consiste à délibérer, à juger &
à démontrer. On y distingue l'invention, l'expression, l'arrangement, l'action. Ce sont les parties du discours ora-
toire qu'on divise en exorde, narration,
réfutation & conclusion.

Principes de la Logique de ZENON.

La Dialectique est *l'art de raisonner
par demandes & par réponses afin de connoître le vrai & le faux, & ce qui n'est ni
l'un ni l'autre.* On y procede par des syl-
logismes. Ce sont des discours fondés sur
ces principes. Premierement, on rassem-
ble tout ce qui tend à déduire des choses qui sont connues la connoissance des
choses qui ne le sont pas. En second
lieu, on imagine d'après les sensations
qu'on a reçues. Il y a deux sortes d'i-
maginations, celles qui sont compréhen-
sibles & celles qui sont incompréhensibles. Les premieres sont produites par
un objet existant, dont l'image s'im-
prime suivant ce qui est en effet. Les
imaginations incompréhensibles ne naissent point d'un objet qui existe. L'esprit

ne reçoit pas d'impreſſion conforme à ce que l'objet eſt réellement.

On diſtingue deux ſortes d'impreſſions: des impreſſions ſenſibles & des impreſſions inſenſibles. Les premieres viennent par les ſens : les ſecondes ſont formées par l'eſprit : telles ſont les idées des choſes incorporelles. Ces impreſſions ſe diviſent encore en raiſonnables & non raiſonnables. Les hommes reçoivent celleslà , & les animaux celles-ci. On appelle penſée les impreſſions raiſonnables , & on ne donne point de nom aux autres.

La ſenſation eſt l'action des ſens. Il y a des choſes qu'on comprend par les ſens : c'eſt ainſi qu'on diſcerne le blanc du noir. Il en eſt d'autres que l'on conçoit par la raiſon : telles ſont les choſes qu'on raſſemble par la voie de la démonſtration, comme celles qui regardent les Dieux & la Providence.

L'entendement connoît de différentes manieres les choſes qu'il apperçoit : les unes par incidence, les autres par reſſemblance, d'autres par analogie, d'autres encore par tranſpoſition.

Par *incidence*, il connoît les choſes ſenſibles ; par reſſemblance, les choſes dont l'intelligence dépend d'autres choses qui leur font adjointes: c'est ainsi qu'on connoît un homme par son image. Par analogie, l'entendement connoît les choses dont la grandeur excede les bornes naturelles, & celles qui font au-deffous de la grandeur naturelle. Il penfe par tranfpofition, lorfqu'il fuppofe, par exemple, des yeux fur la poitrine, &c.

Pour expliquer ce qu'on connoît, il faut que le difcours ait l'hellénifme, l'évidence, la briéveté, la convenance & la grace.

Par *hellénifme*, on entend une diction exempte de fautes. L'évidence eft une expreffion diftincte, & qui expofe clairement la penfée. La briéveté renferme une maniere de parler qui embraffe tout ce qui eft néceffaire à l'intelligence d'une chofe. La convenance requiert que l'expreffion foit appropriée à la chofe dont on parle. Et la grace du difcours confifte à éviter les termes ordinaires.

Il faut encore s'attacher à bien définir, à bien décrire les chofes dont on parle, & à les propofer clairement. C'eft ainfi qu'on peut connoître la vérité & la faire connoître aux autres. Auffi le Sage ne fauroit faire un bon ufage de fa raifon fans le fecours de la Dialectique.

C'est elle qui apprend à démêler le vrai
du faux, à discerner le vraisemblable,
& à développer ce qui est ambigu.

Principes de la Morale de ZENON.

La Morale a pour objet les penchants,
les biens & les maux, la vertu & la fin
qu'on doit se proposer pour être heureux. Le premier penchant d'un être est
de chercher sa conservation, la nature
se l'attachant dès sa naissance : de là naît
l'amour de la volupté. On appelle *bien*
tout ce qui est avantageux, convenable, profitable, utile, commode, honnête, secourable, desirable & juste.
Tout bien mérite d'être recherché : il
n'est sujet ni à augmentation ni à diminution.

Il y a plusieurs sortes de biens. La
prudence est un bien, la justice est un
bien, la force est un bien, la tempérance est un bien, &c. Et les maux sont
les choses contraires à celles-là. Les richesses & la santé ne sont pas des biens,
parceque ni les unes ni l'autre ne font
pas plus de bien que de mal. Une autre
raison qui prouve (selon les Stoïciens)
que les richesses & la santé ne sont pas
un bien, c'est qu'on ne doit appeller

bien que les choſes dont on peut faire un bon & un mauvais uſage. Or on ne peut faire un bon & un mauvais uſage de la ſanté : donc, &c.

Tout ceci regarde le bien en général ; car en particulier on appelle un bien les bonnes qualités de l'ame, telles que l'intelligence, la ſagacité, &c. & par rapport au corps, la vie, la ſanté, la force, la bonne diſpoſition, l'uſage de toutes les parties du corps & la beauté. Il y a auſſi dans ce ſens des biens extérieurs, qui ſont les richeſſes, la réputation, la naiſſance, &c.

De là il ſuit qu'il y a auſſi des maux particuliers qu'on diſtingue en maux de l'ame, comme la ſtupidité, l'ignorance, &c. en maux du corps, tels que la mauvaiſe conſtitution, la difformité, le défaut de quelque membre, les infirmités, la maladie & la mort ; & en maux extérieurs, ſavoir l'obſcurité, la pauvreté, la baſſeſſe de condition, &c.

La vertu eſt le troiſieme objet de la Morale : c'eſt la pratique du bien. Elle procure la joie, le contentement, & toutes les ſatisfactions de l'ame. Le vice eſt au contraire la pratique du mal. Ainſi l'imprudence, la crainte, l'injuſtice, &c. font des vices ; & la trifteffe, le chagrin, &c. font les effets du vice.

La fin qu'on doit fe propofer eft de vivre conformément à la nature, c'eft-à-dire fuivant notre maniere d'être, en rempliffant tous les devoirs qui peuvent contribuer à notre bonheur. Il y a plufieurs fortes de devoirs. Il en eft qui ne font point accompagnés de circonftances qui y obligent, & d'autres que de pareilles circonftances accompagnent.

Les premiers font, par exemple, d'avoir foin de fa fanté ; les feconds, de fe priver de quelque chofe & de renoncer même à fes biens.

Parmi les devoirs qui obligent, il y en a qui font d'une obligation abfolue, & d'autres qui n'obligent pas toujours. Les premiers font de vivre felon la vertu, & les autres de fe conformer aux ufages reçus, comme de répondre quand on vous parle, de parler vous-même à votre tour, &c.

Principes de la Phyfique de ZENON.

L'Univers eft compofé de deux principes, dont l'un eft agent, & l'autre patient. Le principe patient eft la matiere, qui eft une fubftance fans qualités ; &

le principe agent, c'est Dieu. Ce mot comprend la nature, l'entendement, la deftinée, la providence, &c.

La matiere eft compofée de quatre éléments, qui font le feu, l'eau, l'air & la terre. Le feu eft chaud, l'eau humide, l'air froid, la terre feche. C'eft de ces éléments que Dieu a formé le monde, & voici comment.

Dieu agit fur la matiere, & en même tems fa partie la plus fubtile produifit le feu; la moins groffiere fe changea en air; celle qui l'étoit davantage devint eau; & la partie la plus groffiere s'étant arrêtée & fixée forma la terre. Ces éléments ayant enfuite agi les uns fur les autres, formerent les arbres, les plantes, les animaux, & toutes les autres créatures.

Le foleil eft un feu très pur plus grand que la terre. Les étoiles font auffi des globes ignés; mais la lune a quelque chofe de plus terreftre, comme étant plus proche de la terre. Les uns & les autres ont une nourriture qui les entretient. Le foleil fe nourrit dans l'océan, la lune dans les rivieres.

Les étoiles fixes font emportées circulairement avec le foleil, & les pla-

netes ont un mouvement particulier. Le
foleil fuit fa route obliquement dans le
zodiaque ; la lune s'y meut auffi , mais
irrégulierement. Tous ces aftres font
fphériques.

A l'égard des phénomenes , voici
comment *Diogene de Laërce* expofe la
doctrine de ZENON : « L'hiver eft l'air
» refroidi par le grand éloignement du
» foleil : le printems eft l'air tempéré
» par le retour de cet aftre : l'été eft
» l'air échauffé par fon cours vers le
» nord ; & l'automne l'effet de fon dé-
» part vers les lieux d'où viennent les
» vents. La caufe de ceux ci eft le fo-
» leil qui convertit les nuées en va-
» peurs. L'arc-en-ciel eft compofé de
» rayons réfléchis par l'humidité des
» nuées.

» Les cometes, tant celles qui font
» chevelues que les autres qui reffem-
» blent à des torches, font des feux
» produits par un air épais qui s'éleve
» jufqu'à la fphere de l'éther. L'étoile
» volante (ou tombante) eft un feu raf-
» femblé qui s'enflamme en l'air , & qui
» étant emporté fort rapidement pa-
» roît à l'imagination avoir une certai-

» ne longueur. La pluie fe forme des
» nuées qui fe convertiffent en eau,
» lorfque l'humidité élevée de la terre
» ou de la mer par la force du foleil ne
» trouve pas à être employée à d'au-
» tre effet. La pluie congelée par le
» froid fe réfout en gelée blanche. La
» grêle eft une nuée compacte rom-
» pue par le vent : la neige une nuée
» compacte qui fe change en une ma-
» tiere humide.

» L'éclair eft une inflammation des
» nuées qui s'entre-choquent & fe dé-
» chirent par la violence du vent. Le
» tonnerre eft un bruit caufé par les
» nuées qui fe heurtent & fe fracaffent.
» La foudre eft une forte & fubite in-
» flammation qui tombe avec impétuo-
» fité fur la terre par le choc ou la rup-
» ture des nuées. L'ouragan eft une
» forte de foudre qui s'élance avec une
» force extrême, ou un affemblage de
» vapeurs embrafées & détachées d'une
» nuée qui fe brife. Le tourbillon eft une
» nuée environnée d'un feu, & accom-
» pagnée d'un vent qui fort des cavités
» de la terre. Il y en a de différentes
» efpeces. Les uns caufent les tremble-

» ments de terre ; les autres les gouffres ;
» ceux ci les inflammations ; ceux-là les
» bouillonnements , &c. » (5).

Voilà ce que ZENON a dit de mieux
sur la Philosophie Naturelle. Ses autres
pensées sont fort obscures & très em-
brouillées , comme on l'a vu ci-devant.
On peut encore en juger par l'analyse
que *Diogene de Laërce* en a faite. C'est
peut - être l'ouvrage le plus pitoyable
qui ait paru par la voie de l'impression.
Je ne conseille à personne d'en entre-
prendre la lecture ; car on ne peut mieux
appliquer ici le mot de *Theophraste :* « Il
» vaut mieux se livrer à un cheval sans
» frein qu'à une doctrine confuse ».

______

(5) *Diogene de Laërce ,* page 169 de la derniere traduction.

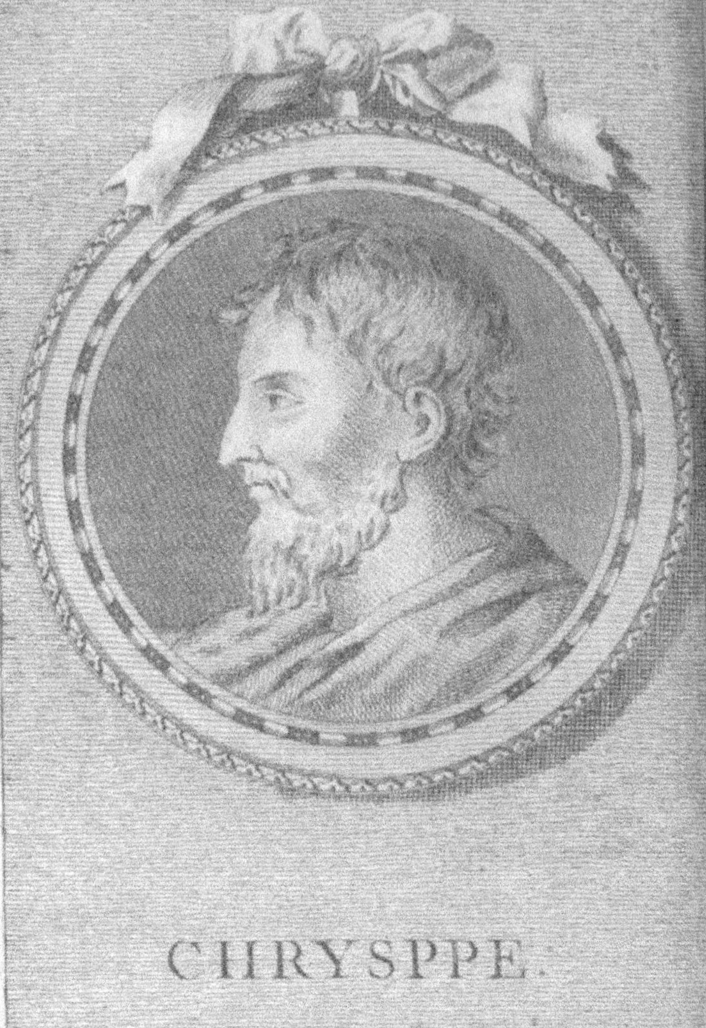

CHRYSPPE.

Mlle Cl. Reydellet del. Bouvent sc.

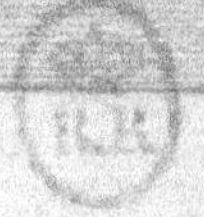

CHRYSIPPE*.

JE ne pense pas que le lecteur me fasse un crime de ce que je m'écarte de l'ordre chronologique pour terminer l'école de *Zenon*, d'autant mieux que cet écart est peu considérable, & que l'avantage d'avoir de suite l'histoire des Stoïciens est fort grand. Encore n'est-il point rigoureusement démontré que je fais ici un anachronisme, parceque rien n'est plus incertain que l'époque de la naissance des anciens Philosophes. La regle des regles est de suivre l'ordre qui peut le plus contribuer à l'instruction véritable du public : c'est elle qui m'a autorisé à placer ci-devant *Zenon* d'Elée immédiatement après *Xenophane*, un peu hors de son rang, & qui m'oblige actuellement à écrire l'histoire de CHRYSIPPE avant celle d'*Epicure*, quoiqu'on assure que ce Philosophe soit né avant le dernier disciple de *Zenon* le Stoïcien. Il faut donc regarder son histoire comme une suite de celle de *Zenon*.

* *Diogène de Laërce*, Liv. VIII. *Aulugellii Noctes Atticæ*, Lib. VI, Cap. 2, *Bayle, Dictionn. histor. critiq.* art. *Chrysippe*, &c. &c.

CHRYSIPPE naquit à Solos, ville de Cilicie, vers la cent vingt-quatrieme olympiade, ou deux cents soixante & seize ans avant *Jesus-Christ*. Son pere s'appelloit *Apollonius*: c'est tout ce qu'on en sait. On nous apprend seulement que sans y être engagé par personne, CHRY-SIPPE s'exerça au combat de la lance, & qu'il ne prit du goût pour la Philosophie qu'après avoir passé le feu de la premiere jeunesse.

Ce fut à l'école de *Zenon* qu'il commença à étudier cette science. Il fréquenta ensuite celle de *Cleanthe*, successeur de *Zenon*; mais quelque envie qu'il eût de s'instruire, & quoiqu'il estimât beaucoup ces deux Philosophes, il ne put approuver entierement leur doctrine. Son esprit naturellement subtil lui suggéra beaucoup de difficultés sur plusieurs points de cette doctrine. Il les proposoit à ses Professeurs avec la plus entiere confiance; & lorsque pour lui répondre ceux-ci vouloient entrer dans quelque détail, il les prioit de l'en dispenser. *Montrez-moi*, leur disoit-il, *votre doctrine: je n'ai besoin que de cela: je trouverai moi-même les preuves*. Sa taille étoit fort petite, & sa présomption très grande.

Il faut avouer cependant qu'il avoit beaucoup d'esprit, & qu'il raisonnoit avec une grande facilité. Aussi fit-il des progrès si étonnants dans la Dialectique, qu'on disoit que si les Dieux argumentoient, ils n'argumenteroient pas mieux que CHRY-SIPPE. Cet éloge est un peu outré, car la méthode de ce Philosophe n'est pas pure. Il vouloit que lorsqu'on soutient une proposition, on parlât légerement des raisons favorables à la proposition contraire, & qu'on transformât la cause la plus foible en la meilleure. A cette fin il cachoit tous les avantages de la cause qu'il combattoit, & tous les endroits foibles de celle qu'il cherchoit à faire valoir. Un autre artifice dont il faisoit usage, c'étoit de proposer quelques objections choisies entre les plus aisées à réfuter.

Ainsi il se comportoit dans les écoles de Philosophie comme les Avocats au Barreau, lesquels voilent les endroits foibles de leurs causes, & écartent les bonnes raisons de leurs adversaires. Ses confreres les Stoïciens blâmerent tout haut cette supercherie. Ils dirent qu'une vanité de jeune homme l'avoit tellement saisi, qu'il avoit sacrifié ses propres maximes au plaisir de faire briller son esprit & aux dépens des vérités que le Portique enseignoit. Mais CHRYSIPPE méprisa ce reproche. La gloire qu'il se promettoit de sa méthode le mettoit fort au-dessus des clameurs de l'école. Il en fit un bel usage en voulant concilier la fatalité du destin avec la liberté de l'homme. Voici son raisonnement.

Chaque cause, dit-il, est produite par une cause antécédente ; mais il y a deux sortes de causes, dont la derniere ne détruit point la liberté. CHRYSIPPE les distingue en causes parfaites & en causes imparfaites. Les causes parfaites ou principales empêchent, selon lui, la liberté de l'action ; & les causes imparfaites ou qui ne font qu'aider, ne l'empêchent pas. Or nos desirs ne dépendent pas d'une cause externe principale, mais d'une cause externe non principale, & qui ne fait qu'exciter. Donc notre ame les produit librement.

De là il suit qu'afin que l'ame forme un acte de consentement, il faut que les objets qui les excitent ne produisent point les actes de la volonté. C'est par sa propre force qu'elle se détermine après que les objets lui ont donné le premier branle.

Pour rendre cela senfible, notre Philofophe fe fert du mouvement d'un cylindre. Celui qui pouffe un cylindre lui
donne bien le premier mouvement,
mais non pas la volubilité. Ce cylindre
roule enfuite par fa propre force ; &
c'eft ainfi que notre ame ébranlée par
les objets fe meut enfuite d'elle même.

De là CHRYSIPPE concluoit que perfonne ne doit être reçu à s'excufer fur la
deftinée, & qu'il ne faut pas écouter
les malfaiteurs qui recourent à cet afyle.

Ce fyftême fur la liberté eft affurément très fpécieux ; cependant *Bayle*
n'en eft point du tout fatisfait. Il ne
trouve pas jufte la comparaifon du cylindre. Pour qu'elle le fût, il falloit comparer, dit il, la deftinée, non au premier venu qui l'a pouffé, mais au Me-
nuifier qui l'a fait, parceque c'eft le Me-
nuifier qui lui a donné cette figure, laquelle eft la caufe d'un mouvement du-
rable : il eft donc la caufe de la durée de
ce mouvement.

Ce n'eft pas là le feul vice de fon fyftême : il en eft un autre plus confidé-
rable, c'eft qu'on ne peut le concilier
avec de certaines qualités intérieures de
l'ame qui la pouffent vers le mal. *Bayle*

prétend qu'il y a des ames, naturellement bien formées, qui essuient sans
murmurer les rigueurs du destin, comme
il en est d'autres si raboteuses & si mal
tournées, que, pourvu que le destin les
heurte, ou même sans aucun choc du
destin, elles roulent vers le crime par
un mouvement volontaire. C'est un certain travers naturel qui en est la cause.
Or, si la fatalité est le principe des ames
bien ou mal conditionnées, on peut &
on doit attribuer au destin tous les crimes que les hommes commettent. La
conséquence qu'on tire de là est ef-
frayante. Puisqu'on reconnoît une Providence divine, il faut qu'on regarde
Dieu comme la cause de tous les crimes. Suivant ce système de CHRYSIPPE,
Dieu est donc l'auteur du mal.

L'étude du destin le conduisit à celle
de la Providence. La transition étoit as-
fez naturelle. Il voulut savoir si la Providence, qui a fait le monde & le genre
humain, a fait aussi les maladies auxquelles les hommes sont sujets; & il
composa un livre entier pour résoudre
ce problême.

Sa solution est ingénieuse. Il prétend
que le dessein principal de la nature n'a

pas été de nous rendre maladifs : cela ne conviendroit pas à la cause de tous les biens ; mais elle ne put produire les meilleures choses sans qu'il en résultât quelques inconvénients. Ces inconvénients se sont rencontrés à la suite de son ouvrage, & n'existent que comme des conséquences.

Par exemple, pour la formation du corps humain, la plus fine idée & l'utilité même de l'ouvrage demandoient que la tête fût composée d'un tissu d'ossements minces & déliés ; mais en la composant de cette maniere, elle devoit avoir l'incommodité de ne point résister aux coups. Ainsi, en préparant la santé, la nature a ouvert la source des maladies. Il en est de même de la vertu. L'action directe de la vertu qui l'a fait naître a produit par contre-coup l'engeance des vices.

Il faut avouer que cette explication est belle, & qu'elle donne une idée très avantageuse du génie de notre Philosophe. Sa dispute avec *Diodore*, de la secte de *Megare*, sur les choses possibles & les choses impossibles, doit encore confirmer cette idée.

Il s'agissoit de savoir dans cette dispute si parmi les choses qui n'ont jamais été, & qui ne seront jamais, il y en a de possibles; ou si tout ce qui n'est point, tout ce qui n'a jamais été, tout ce qui ne sera jamais, est impossible. Voilà sans doute le sujet le plus métaphysique peut être qu'on ait jamais examiné. *Diodore* prit la négative sur la premiere de ces deux questions, & l'affirmative sur la seconde. CHRYSIPPE fut d'un avis contraire. Il soutint que tout ce qui n'arrive pas est impossible, & qu'il n'y a de possible que ce qui se fait actuellement.

Pour éclaircir cette matiere, ce Philosophe publia un ouvrage sous ce titre: *De l'arrangement des parties du discours*, dans lequel il traita des propositions vraies & fausses, possibles & impossibles, contingentes, ambiguës, &c. Il y soutint que les choses passées étoient nécessairement véritables, & mit au nombre des événements possibles la résurrection des hommes & leur rétablissement au même état où ils étoient pendant leur vie. Mais toute sa doctrine à cet égard est si obscure & si minutieuse, qu'elle ne mérite aucune attention.

Non seulement ses idées étoient con-

fufes, fa diction étoit encore plus em-
barraffée. Quoiqu'il fût grand Dialecticien, il écrivoit très mal. La conftruc-
tion de fes phrafes étoit prefque toujours vicieufe. A force de s'appliquer
aux fubtilités de la Dialectique, il étoit
encore devenu chicaneur, pointilleux,
& il embrouilloit par fes fophifmes les
thefes même qu'il foutenoit le plus
chaudement.

Cependant CHRYSIPPE étoit confidéré
comme la colonne du Portique, ce qui
ne faifoit pas plaifir aux Stoïciens ; car,
fi on leur faifoit honneur des belles productions de ce Philofophe, on mettoit
auffi fur leur compte fes propres erreurs,
& les Stoïciens trouvoient qu'ils ne ga-
gnoient pas à ce marché. Ces erreurs
étoient en effet fort grandes. On ne peut
lire fans horreur, dit *Bayle*, ce qu'il a
enfeigné touchant la mortalité des
Dieux. Il prétend qu'excepté Jupiter,
tous les Dieux périront dans l'incendie
du monde. Ils feront réfolus par le feu
& fondus en foi comme s'ils étoient de
cire ou d'étain, ainfi que s'exprime *Plutarque*, en rendant compte du fyftême
de notre Philofophe. « Après l'embrafe-
» ment, Jupiter fe retirera avec la Provi-

» dence, & demeureront tous deux en
» la subſtance de l'éther ». C'eſt encore
une expreſſion de *Plutarque.*

Bayle remarque avec raiſon que tout
cela ſe contredit. Premierement, il y a
là, dit-il, une ſéparation de l'ame & du
corps, & par conſéquent une mort. En
ſecond lieu, CHRYSIPPE ſuppoſe que
Dieu eſt l'ame du monde, & il veut que
lorſque le monde ſera brûlé, Jupiter ſe
retire dans un autre lieu.

Quoique le ſavant Critique que je
viens de citer, ſoutienne que ce ſentiment ſur la mortalité faſſe horreur, ce
n'eſt pas ce que notre Philoſophe a fait
de plus répréhenſible. Je trouve encore
plus blâmable ſon livre ſur les amours
de Jupiter & de Junon, qui eſt ſi rempli
d'obſcénités, qu'il révolta tout le monde. Il eſt vrai que l'Auteur couvre ſes
expreſſions avec le voile de l'allégorie ;
mais cela ne ſauroit le juſtifier. Il enſeignoit encore qu'on pouvoit commettre
inceſte, les peres avec leurs filles, les fils
avec leurs meres, les freres avec leurs
ſœurs, & qu'il falloit manger les cada-
vres ; doctrine abominable qui tendroit
à une diſſolution générale, & dont les
conſéquences ſont terribles.

C'est dans son livre de la *République* & dans celui du *Droit*, qu'il a prêché ces deux doctrines. Elles y sont sans doute aussi légerement soutenues qu'imprudemment avancées ; car CHRYSIPPE versoit volontiers sur le papier tout ce qui lui venoit dans l'esprit, & ne s'embarrassoit pas si toutes ses pensées étoient justes ; aussi a-t-il composé sept cents cinquante-cinq volumes sur toutes sortes de matieres, & souvent sur la même matiere. Il employoit tout ce qui lui tomboit sous la main, alléguoit une infinité de témoignages, & ne se mettoit point en peine de corriger son travail. Il ne vouloit qu'écrire : c'étoit en lui une passion qui l'engagea à citer beaucoup, à se répéter & à se contredire. Tantôt il se copioit lui-même, tantôt il se réfutoit.

Il n'y a aucun de ses ouvrages qui soit parvenu jusqu'à nous : il ne nous en reste que les titres que *Diogene de Laërce* nous a conservés. Cet Historien dit que ces ouvrages étoient fort célebres dans leur tems : cela peut être ; mais ils ne devoient pas être fort estimés. On a vu ci-devant ce qu'ils contiennent de meilleur : voici encore un trait qui est digne d'attention.

Dans un livre qu'il a composé sur les biens & l'abondance, il examine comment & pourquoi le sage doit chercher son profit; & de son examen il conclut que si c'est pour la vie même, il est indifférent de quelle maniere il vive: si c'est pour la volupté, il n'importe pas qu'il en jouisse, ou non; & que si c'est pour la vertu, elle lui suffit seule pour le rendre heureux.

Il blâme ensuite les gains que l'on fait, soit en recevant des présents de la main des Princes, parcequ'ils obligent à ramper devant eux, soit en obtenant des bienfaits de ses amis, parcequ'ils changent l'amitié en commerce d'intérêt, soit en recueillant les fruits de la sagesse, parcequ'elle devient mercenaire.

Diogene de Laërce dit qu'on se récria dans le tems sur tous ces points, & je ne vois pas en quoi ils sont répréhensibles. Chrysippe pensoit avec raison que sa doctrine étoit saine; aussi la réduisoit il fermement en pratique. Premierement, il ne dédia aucun de ses ouvrages à des Princes. En second lieu, il refusa d'aller voir *Ptolomée* qui desiroit de le connoître. Quoiqu'on ait trouvé qu'il y avoit bien

bien de l'orgueil dans cette conduite, *Bayle* estime qu'elle est très digne d'un Philosophe. Il convient néanmoins que celui qui nous occupe étoit vain & présomptueux. On en a déja vu une marque dans la réponse qu'il fit à son Professeur. Il en est une autre qui est encore plus frappante.

Un particulier lui demanda à qui il pouvoit confier l'éducation de son fils : *A moi*, répondit-il ; *car, si je savois que quelqu'un me surpassât en science, j'irois à l'instant étudier sous lui la Philosophie*: Cela n'empêche pas qu'il n'eût beaucoup de vénération pour ses Maîtres : c'est ce qu'il faisoit connoître dans toutes les occasions. Un jour un Dialecticien voulant obséder *Cleanthe* en lui proposant des sophismes, notre Philosophe lui imposa silence. *Cessez*, lui dit-il, *de détourner ce vieillard de choses importantes, & gardez vos raisonnements pour nous qui sommes plus jeunes.*

CHRYSIPPE avoit un grand avantage dans la dispute : c'étoit de raisonner de sang froid, d'écouter paisiblement ce qu'on lui disoit, & de répondre avec beaucoup de tranquillité. Il trouvoit aussi fort mauvais qu'on s'échauffât en diſputant, & il dit à un homme qui lui parloit avec chaleur : *Ah ! frere, je vois que ton viſage ſe trouble. Quitte promptement cette fureur, & donne-toi le tems de penſer raiſonnablement.* Il prêchoit d'exemple aſſurément ; mais je ne ſais ſi ſon flegme étoit plus propre à calmer un eſprit ardent, prompt à s'enflammer, qu'à l'irriter. Ses ſophiſmes étoient encore bien capables de produire cet effet. Ce ſont des choſes ſi ridicules, qu'on ne l'en croiroit pas l'auteur, ſi *Diogene de Laërce* ne nous l'aſſuroit. C'eſt ainſi que cet Hiſtorien les rapporte :

« Celui qui communique les myſteres
» à des gens qui ne ſont pas initiés, eſt
» un impie. Or celui qui préſide aux
» myſteres les communique à des per-
» ſonnes non initiées : donc celui qui
» préſide aux myſteres eſt un impie. Ce
» qui n'eſt pas dans la ville n'eſt pas
» dans la maiſon. Or il n'y a point de
» puits dans la ville : donc il n'y en a
» pas dans la maiſon. S'il y a quelque
» part une tête, vous ne l'avez point.
» Or il y a quelque part une tête que
» vous n'avez point : donc vous n'avez
» point de tête. Si quelqu'un eſt à Me-

» gare, il n'eſt point à Athenes. Or
» l'homme eſt à Megare; donc il n'y a
» point d'homme à Athenes; & au con-
» traire s'il eſt à Athenes, il n'eſt point
» à Megare. Si vous dites quelque cho-
» ſe, cela vous paſſe par la bouche. Or
» vous parlez d'un chariot: donc un
» chariot vous paſſe par la bouche,
» &c. ».

J'ai de la peine à croire que CHRY-
SIPPE ait propoſé ſérieuſement ces ſophiſmes. C'étoient ſans doute des arguments qu'il faiſoit à ſes écoliers pour
les éprouver ou pour les exercer, car
ce Philoſophe ne négligeoit rien de ce
qui pouvoit contribuer à l'inſtruction
du public. Il entroit même dans les plus
petits détails à cet égard, & il s'abaiſ-
ſoit juſqu'aux plus petits préceptes de
l'éducation des enfants.

Il vouloit qu'entre les nourrices on
choisît les plus ſages: il leur preſcrivoit
une certaine maniere de chanter pour
amuſer les enfants avec fruit. *Athenée*
dit qu'il en avoit compoſé quelques unes
pour ſervir de modele à celles qu'on
pourroit faire dans la ſuite. Il auroit encore deſiré que ces nourrices fuſſent
des femmes ſavantes, parcequ'il les

chargeoit du foin d'élever les enfants &
de les inftruire dès l'âge de trois ans.

Tout ceci eft une preuve du bon cœur
de ce Philofophe : auffi l'a-t-on beaucoup loué de ce côté-là. Sa vie étoit
d'ailleurs irréprochable & fes mœurs
très pures. Il n'avoit pour tout domefti-
que qu'une vieille fervante. *Boyle* dit
que c'eft une preuve de fa chafteté &
de fa frugalité. Il n'étoit pas pour cela
ennemi de la bonne chere : il aimoit un
peu le vin ; & lorfqu'il en avoit pris plus
que de coutume, il remuoit les jambes :
ce qui faifoit dire à fa fervante qu'il n'y
avoit que fes jambes qui fuffent ivres.

Quelques Auteurs ont publié qu'il prenoit de l'ellébore pour augmenter les
forces de fon efprit. Il eft du moins certain qu'il facrifioit les plaifirs du corps à
ceux de l'ame. Il étoit fans ceffe occupé
à écrire, & fa fervante nous a appris
qu'il écrivoit ordinairement cinq cents
lignes par jour.

Il parvint ainfi à la fin de fa carriere.
Il la termina fingulierement, fi l'on en
croit *Diogene de Laërce*. Ayant vu un
âne manger des figues, il dit à fa fervante de lui donner du vin pur à boire,
& là-deffus il éclata fi fort de rire, qu'il

en rendit l'esprit. Cela n'est pas croyable. Aussi cet Historien rapporte-t-il une
autre cause de sa mort. Il dit que CHRY-
SIPPE ayant été invité par ses écoliers
à un sacrifice, but du vin doux pur, ce
qui lui procura un vertige dont il mourut.

De quelque maniere qu'il ait terminé
ses jours, il est presque certain qu'il
mourut dans la cent quarante-troisieme
olympiade, âgé de soixante & treize
ans. Les Athéniens se firent un mérite de
lui rendre les derniers devoirs avec pompe. Ils l'enterrerent parmi les plus illus-
tres de leurs citoyens, & éleverent un
mausolée sur sa tombe. Enfin ils érigerent sa statue dans la place Céramique,
suivant *Diogene de Laërce*, & selon *Pau-
sanias*, dans le college qui portoit le
nom de *Ptolomée*, son fondateur.

EPICURE.

EPICURE [*].

LA morale de *Chrysippe*, ainsi que celle des Stoïciens, donnoit à la sagesse l'aspect le plus triste & le plus rebutant. Persuadé que la Philosophie ne doit point étouffer les penchants naturels à l'homme, mais les diriger pour son plus grand avantage, le Philosophe qui va nous occuper, crut que la véritable sagesse n'est point incompatible avec l'amour des plaisirs ; parceque cet amour est, selon lui, un appétit inné, tellement que l'enfant qui vient de naître & la bête brute se portent par le seul instinct de la nature à la recherche du plaisir. Ainsi ce Philosophe enseigna la sagesse sous le nom séduisant de la volupté, mot qui exprime l'amour du plaisir.

Il s'appelloit EPICURE. Il naquit à Athenes dans le bourg de Gargette, la cent neuvieme olympiade, ou trois cents trente-six ans avant *Jesus-Christ*.

---

[*] *De vitâ & moribus Epicuri*, Auct. Du Rondel. *La Morale d'Epicure, avec des réflexions* (par M. *Desfontaines*. *Dictionn. de Bayle*, att. Epicure. *La Morale d'Epicure tirée de ses propres écrits*, par M. l'Abbé *Batteux*, &c. &c.

G 4

Son pere *Neocles* & sa mere *Chereftrate*
ayant été du nombre des habitants de
l'Attique que les Athéniens envoyerent
dans l'île de Samos, emmenerent leur
fils dans cette île où il paffa les années
de fon enfance.

Aucun Hiftorien n'a parlé de l'état de
fon pere ; mais *Moreri* affure que fa mere
étoit d'une famille très noble : il n'y a
cependant pas lieu de le croire, car on
fait que *Chereftrate* faifoit le métier d'e-
xorcifte. Elle alloit dire certaines prieres
dans les maifons défertes, afin de les pu-
rifier. Son fils étoit de moitié dans cet
acte de piété fuperftitieufe. Il le pratiqua jufqu'à l'âge de dix ans. Parvenu à
cet âge, il voulut apprendre la Grammaire ; mais fon Maître lui ayant fait
lire la théogonie d'*Hefiode*, & n'ayant pu
lui expliquer ce que c'eft que le chaos,
il fe dégoûta de fes inftructions. Il ne
découvrit pas dans l'île de Samos de
Maître plus habile : il favoit que ce n'é-
toit qu'à Athenes qu'on trouvoit des
hommes véritablement favants ; & le
defir qu'il avoit de s'inftruire lui fit fur-
monter tous les obftacles qui fe préfen-
toient naturellement à un jeune homme
fans biens, dans le deffein qu'il avoit
d'en faire le voyage.

Il partit donc pour Athenes fans dire adieu à perfonne. Il y arriva dans le tems que *Xenocrate* enfeignoit la Philofophie dans l'Académie. Il profita de fes leçons tant que les fonds qu'il avoit apportés lui fournirent de quoi fubfifter ; mais ayant à la fin manqué du nécef-faire, il fe fit Maître d'école. Ce fut une foible reffource : auffi fut-il contraint de retourner chez fes parents.

Il prit le chemin de Colophon où étoit fon pere. Il avoit alors vingt-trois ans. Il continua à cultiver la Philofophie, & à infpirer à tout le monde le goût de fon étude. Il affembla ainfi quelques écoliers avec lefquels il parcourut différents endroits d'Athenes. Il vifita toutes les écoles, entendit tous les Maîtres ; & peu fatisfait de ce qu'on avoit voulu lui apprendre, il réfolut d'enfeigner aux hommes une doctrine plus folide & plus inftructive.

Il fit un plan qu'il préfenta comme neuf, & qu'il prétendit avoir exécuté feul & de fon propre fonds, fans aucun emprunt. Il étoit croyable ; car, fuivant l'expreffion de l'Orateur Romain, c'é-toit un homme mal logé qui fe vantoit d'avoir bâti sa maison lui-même sans le secours d'aucun Architecte.

Cette nouveauté qu'il annonça lui procura des auditeurs. Il ouvrit d'abord son école à Mitylene, puis à Lampsaque, & cinq ans après à Athenes. Tout le monde remarqua qu'il avoit plusieurs avantages sur les autres Philosophes. Il paroissoit d'un caractere franc, ingénu, plus occupé du bien des autres que du sien propre. Il sembloit, dit M. l'Abbé *Batteux*, proposer ses idées sans art & sans détour, se déclarant hautement contre les prestiges de l'Eloquence & les finesses de la Dialectique, affectant d'attaquer en plein jour sans casque ni bouclier, avec une sorte de confiance qui en donnoit à ceux qui l'écoutoient.

Avec ce caractere & ces talents, Epicure ne devoit point manquer d'écoliers. Il les assembla dans un beau & spacieux jardin situé aux portes d'Athenes : sans doute qu'il lui échut quelque riche succession qui le mit en état d'acheter ce jardin ; car ce n'est point en cultivant la Philosophie, & même en l'enseignant comme il le faisoit, qu'on amasse des richesses.

Quoi qu'il en soit, il s'enferma dans

ce jardin avec ses amis, & y ouvrit une
des plus célebres écoles qui ait fleuri
dans l'antiquité. Il emprunta de *Demo-*
crite son systême des atomes, & d'*Aris-*
tippe sa doctrine sur la volupté; & en
remaniant les principes de ces deux Philosophes, il forma une nouvelle philosophie qui fut suivie & adoptée avec la
plus grande chaleur. La maniere dont il
s'y prit pour l'accréditer, ne contribua
pas peu à cette adoption.

Il écrivit d'abord ces mots sur la porte
du jardin : *Hospes, hic benè manebis : hic*
summum bonum voluptas est. Il crut avec
raison que cette inscription qui annonçoit la volupté comme le souverain
bien, attireroit l'attention des hommes,
& que l'agrément de ses jardins, joint à
une idée de vertu, retiendroit chez lui
une partie de ces auditeurs nombreux
qui remplissoient chaque jour l'Académie, le Portique & le Lycée.

Il ne fut pas frustré de son attente. On
vint à lui de toutes les parties de l'Asie &
de la Grece, & même de l'Egypte. La
ville de Lampsaque où il avoit professé,
lui envoya aussi beaucoup d'écoliers.

Ses disciples vivoient en commun, &
chacun contribuoit volontairement aux

besoins des autres quand cela étoit nécessaire. On s'entr'aidoit avec la plus
grande honnêteté , & on ne vit jamais
une plus belle union. *Bayle* la trouve
d'autant plus admirable , que ces gens-
là établissoient pour derniere fin leur
propre satisfaction. Les paroles de ce
docte Critique sont trop remarquables
pour ne pas les rapporter ici.

« Qu'on nous vienne dire après cela ,
» dit il, que des gens qui nient la Pro-
» vidence , & qui établissent pour der-
» niere fin leur propre satisfaction , ne
» sont nullement capables de vivre en
» société ; que ce sont nécessairement
» des traîtres , des fourbes , des empoi-
» sonneurs, des voleurs , &c. Toutes
» ces belles doctrines ne sont elles pas
» confondues par cet exemple ? Une
» vérité de fait ... ne renverse-t elle
» pas cent volumes de raisonnements
» spéculatifs ? Voici la secte d'EPICURE,
» dont la morale pratique sur les de-
» voirs de l'amitié ne s'est nullement
» démentie pendant quelques siecles;
» & nous allons voir qu'au lieu que les
» sectes les plus dévotes étoient rem-
» plies de querelles & de partialités ,
» celle d'EPICURE jouissoit d'une paix

» profonde. On y ſuivoit ſans conteſta-
» tions, ſans contradictions la doctrine
» du Fondateur ».

Cette doctrine étoit conçue en maximes que ſes diſciples trouvoient ſi belles, qu'ils les regardoient comme des
Oracles deſcendus du ciel. Il les appre-
noient par cœur, & les avoient ſans
ceſſe à la bouche. Voici les plus importantes.

I. L'Etre qui eſt heureux & immortel, n'a lui-même aucune peine, ni n'en
cauſe à qui que ce ſoit.

II. La mort ne nous fait rien. Ce qui
eſt décompoſé ne ſent point, & ce qui
ne ſent point ne nous fait rien.

III. La premiere volupté exclut tous
les maux. Par tout où il y a volupté, il
n'y a ni douleur ni triſteſſe.

IV. Aucune douleur du corps ne dure
ſans quelque interruption. Si elle eſt au
plus haut degré, elle finit bientôt; ſi
elle dure pluſieurs jours, elle a des moments de repos (1).

V. On ne peut être heureux qu'en

____

(1) *Ciceron* a fort bien rendu cette penſée en peu de
mots : *Doloris medicamenta Epicurea ; ſi gravis, brevis ; ſi
longus, levis. De Fin. Cap. 27.*

fuivant la prudence, l'honnêteté & la juſtice. Et celui-là eſt néceſſairement malheureux qui n'eſt ni prudent, ni honnête, ni juſte.

VI. Le pouvoir ſuprême qui nous procure un moyen de ſureté de plus, eſt toujours un bien ; car l'état naturel de l'homme eſt un état de guerre.

VII. Nulle volupté n'eſt un mal par elle-même ; mais il y a tel objet qui procurant des plaiſirs, procure de plus grandes douleurs.

VIII. Si toutes les eſpeces de volupté étoient ſans ſuites fâcheuſes, on pourroit ſe livrer à toutes ſans choix.

IX. Si nous n'avions point de crainte à la vue de ce qui ſe paſſe dans le ciel, ni d'inquiétude ſur la mort, & que nous connuſſions les limites du beſoin & de la douleur, la Philoſophie ſeroit abſolument inutile.

X. On ne peut ſe délivrer des craintes qu'inſpirent les fables du vulgaire, que par l'étude de la nature : ſans cette étude point de plaiſirs purs.

XI. La tranquillité qu'on peut ſe procurer par le moyen des hommes, ne va que juſqu'à un certain point ; mais il eſt un art de s'en procurer une parfaite à foi-même, c'eft de fimplifier fes befoins, de fe détacher de beaucoup de chofes & de fe contenter de peu.

XII. Le fage laiffe peu de chofes au pouvoir de la fortune. La raifon & la prudence ont toujours gouverné & gouvernent ce qu'il y a de plus effentiel dans la vie.

XIII. L'homme jufte eft le plus tranquille de tous les hommes : l'injufte l'eft le moins.

Toutes ces maximes peuvent fe réduire à ces trois points : 1°. à ne pas craindre les Dieux ; 2°. à ne pas craindre la mort ; 3°. à être exempt de douleur : c'eft là, felon EPICURE, toute la fageffe & la félicité humaine.

Plutarque eftime que cette morale ravale la condition des hommes au-deffous de celle des bêtes ; car les bêtes ont, dit-il, ces trois avantages d'une maniere plus parfaite que le fage de notre Philofophe. Auffi fut-elle regardée comme impie par toutes les perfonnes qui n'étoient point de fa fecte.

Cependant EPICURE honoroit les Dieux à caufe de l'excellence de leur nature, quoiqu'il n'en attendît aucun bien & qu'il n'en craignît aucun mal. Il leur rendoit un culte qui n'étoit point mercenaire : il n'y confidéroit point fon propre intérêt ; mais il n'agiffoit que felon les idées de la raifon qui demande que l'on refpecte & que l'on honore tout ce qui eft grand. On le voyoit régulierement dans les temples, & toujours en pofture de fuppliant. Un jour un certain Philofophe nommé *Dioclès* l'ayant apperçu, s'écria à haute voix : « Quel » fpectacle, ô Jupiter ! Quelle fête pour » moi ! Je ne connus jamais mieux ta » grandeur que depuis que je vois Epi- » cure dans ton temple & à tes ge- » noux ».

Epicure n'en étoit pas pour cela plus dévot. Comme il rapportoit tout à l'union qui doit régner entre les hommes, il recommandoit fans ceffe de fe prêter aux cérémonies publiques & aux actes impofants de la religion, quand même on n'auroit point de foi. Ces cérémonies fervent, difoit-il, à entretenir la paix & la douceur parmi les concitoyens : elles les engagent à fe tolérer mutuellement, en les mettant à l'uniffon par les rites de la religion. C'étoit un de fes principes le plus chéri, qu'en matiere d'opinions il faut toujours fuivre les plus douces &

les plus modérées, celles qui tendent à concilier les esprits & à entretenir le repos de la société. Et ce fut le principe dont il se servit pour conserver ce bel accord qui régnoit parmi ses disciples. Aussi son école ne se divisa jamais.

Il y eut pourtant un transfuge nommé *Timocrate* qui chercha à décrier cette école. On ne sait point quelle raison il eut d'en sortir. Seulement on nous apprend que c'étoit un esprit brouillon qui ne pouvoit vivre avec personne. Cet homme, ou pour se venger de quelque injure, ou pour faire accroire que ce n'étoit point par inconstance qu'il avoit abandonné Epicure, blâma tout haut sa maniere de vivre.

Il publia qu'on faisoit des assemblées nocturnes dans son jardin, & qu'il n'avoit pu s'en échapper qu'avec de grandes difficultés. Il comparoit ces assemblées aux sabbats des sorciers. Comme il y avoit dans ce jardin des femmes qui, aimant la Philosophie, s'étoient mises au nombre des disciples de notre Philosophe, il assura que son école étoit un lieu de débauche. Il désignoit sur-tout une courtisanne nommée *Leontium*, qui étoit parmi ces femmes, laquelle faisoit plaisir de son corps à toute la bande, pour me servir de l'expression de *Bayle.* Il ne se contenta pas de répandre ces calomnies dans la conversation, il les inséra dans des livres ; & ce qu'il y eut de plus infame, il forgea des lettres lascives qu'il publia sous le nom d'EPI-CURE.

Peu satisfait de le traiter d'impudique, *Timocrate* le fit passer encore pour un goinfre, pour un ivrogne, que les excès de la débauche faisoient vomir deux fois par jour.

Notre Philosophe n'épargna pas ce déserteur de sa secte. Il écrivit contre lui, & le traita fort durement ; mais il avoit des ennemis. Il les devoit à son ton impérieux & au mépris qu'il faisoit de la plupart des Philosophes *.

Timocrate trouva donc des défenseurs. On se réunit en foule pour soutenir ses calomnies. On forma une attaque formidable contre sa personne, dans laquelle on employa toute la malignité &

---

* Voici comment il parloit des Philosophes. Il donnoit à *Protagoras* le nom de *Porteur de mannequins*, celui de *Scribe* & de *Maître d'école* à *Democrite.* Il traitoit *Heraclite* d'ivrogne, & il vouloit qu'on donnât du foin à *Socrate* au lieu de pain, parcequ'il faisoit profession de ne rien savoir.

la mauvaise foi dont on puisse faire usage pour noircir quelqu'un. Un livre que notre Philosophe publia servit de prétexte à leur méchanceté.

Ce livre est intitulé *Le Festin*. L'Auteur examinoit cette question : Quel est le tems le plus propre à approcher d'une femme ? Ses censeurs se récrierent sur l'indécence de cette question. Proposer, dirent-ils, s'il vaut mieux avoir affaire aux femmes avant ou après le soupé, c'est s'annoncer pour un homme très incontinent. Ce raisonnement est si faux, que je doute que ces gens là crussent ce qu'ils disoient. Mais de quoi n'est pas capable un ennemi qui est aveuglé par la passion qu'il a de nuire ? Cependant tous leurs efforts produisirent peu d'effet.

Un Médecin, nommé *Zopirus*, justifia amplement Epicure, tant sur le fond que sur la forme de cette censure. Pourquoi seroit-il mal-séant à un Philosophe de s'enquérir du tems le plus propre & le plus commode pour coucher avec une femme ? Pourquoi seroit-il déshonnête d'en deviser dans un festin ? Ce sont les demandes que *Zopirus* faisoit aux censeurs d'Epicure, & auxquelles on ne répondit point.

Affurément rien n'étoit plus injufte que le reproche d'incontinence que l'on faifoit à ce Philofophe. Non feulement fes maximes & fes confeils étoient extrêmement fages, mais il prêchoit tellement d'exemple, que *Chryfippe*, fon perpétuel antagonifte, pour lui enlever le mérite de la chafteté, difoit qu'il n'avoit point de tempérament.

A l'égard de l'accufation de goinfrerie, elle eft fi contraire à la vérité, que *Seneque* même qui, en qualité de Stoïcien, n'étoit certainement pas fon ami, convient qu'on faifoit très mauvaife chere dans fon jardin. Peu s'en falloit, ajoute ce difciple de *Zenon*, que fes hôtes ne vécuffent de pain & d'eau. Ce n'étoit pas feulement par goût qu'EPICURE & fes difciples fe nourriffoient mal, mais encore par principe. L'habitude de la frugalité, difoient-ils, donne une fanté vigoureufe & de l'agilité pour toutes les fonctions de la vie : elle nous fait mieux goûter les repas voluptueux, parcequ'ils font rares, & nous met en état de méprifer les coups de la fortune. C'eft la morale qu'il préconife fans ceffe dans fes ouvrages.

'Auffi un Pere de l'Eglife (2) ne peut affez s'étonner de ce qu'un Philofophe qui paffoit pour voluptueux, ait vécu fi frugalement. « N'eft-ce pas une chofe
» digne d'admiration, dit ce Pere, qu'E-
» PICURE qu'on regarde comme le maî-
» tre de la volupté, ne dife autre chofe
» dans fes livres, finon qu'il ne faut
» pour fubfifter agréablement que des
» herbes, des fruits & une fimple nour-
» riture; que la recherche de la délica-
» teffe des viandes donne plus de peine
» qu'elle n'apporte de plaifir au goût ;
» que de l'eau & du pain fuffifent au
» corps, & que l'excès n'eft point né-
» ceffaire pour fa confervation : c'eft
» feulement pour le plaifir d'être vicieux
» qu'on s'y abandonne. Le boire & le
» manger doivent fervir pour appaifer
» la faim & éteindre la foif, & non pas
» pour flatter notre intempérance. Ceux
» qui vivent parmi le luxe des feftins,
» cherchent enfuite des plaifirs crimi-
» nels; mais ceux qui vivent fobrement
» ne cherchent point chez eux les defirs
» de la concupifcence ; & d'ailleurs la
» fageffe qui n'eft que l'ouvrage du tra-

____

(2) *Sanctus Hieronymus, adverfùs Jovinianum.*

» vail, ne s'acquiert point dans le genre
» voluptueux de vie : la nature eft con-
» tente de peu de chofe : une nourri-
» ture commune a garantit de la faim, &
» un fimple habit la défend des rigueurs
» du froid » (3).

Ainfi parloit Epicure, & l'on ne peut
pas dire que c'étoit là le langage d'un
libertin & d'un voluptueux. On ne dira
pas non plus que ces fentiments ne foient
pas à lui, & qu'il les a pris ailleurs ; car
c'eft une chofe remarquable que, quoiqu'il ait compofé trois cents volumes,
il a prefque tout tiré ce qu'il a écrit de
fon propre fonds, fans citer perfonne,
fans rien emprunter de perfonne.

On a regardé pendant long-tems cette
maniere de compofer comme un effort
de génie : *Bayle* a même examiné avec
fa fagacité ordinaire s'il eft plus difficile
de faire un ouvrage fans citations, que
de s'appuyer fur les découvertes des autres ou de s'en fervir ; & il a prouvé
qu'il y a de plus grands Auteurs, des
génies plus fublimes dans la claffe des
citateurs, que dans celle des Auteurs qui

---

(3) *Voyez* la préface de la *Morale d'Epicure avec des
réflexions* (par M. *Defcoutures*).

ne citent point. Les exemples ne lui manquent pas.

Parmi le grand nombre d'Auteurs de la premiere claſſe, il nomme *Menage*, qui eſt, ſelon lui, l'un des Auteurs qui feront le plus d'honneur à la France, lequel diſoit : « Mademoiſelle *de Scuderi* » a fait quatre vingts volumes qu'elle a » tous tirés de ſa tête, & moi j'ai tiré » de côté & d'autre tout ce que j'ai » compoſé ». Le parallele eſt frappant. On ſait ce que valent les ouvrages de Mademoiſelle *de Scuderi* dont on ne parle plus depuis long-tems, & ceux de *Menage* qui feront toujours eſtimés.

C'eſt une trop grande préſomption, dit *Naudé*, de croire avoir aſſez d'idées pour intéreſſer toutes ſortes de lecteurs, ſans rien emprunter d'autrui (4). Et *Bayle* fortifie cette vérité, en ajoutant que les Auteurs qui n'empruntent rien ſont ordinairement moins inſtruits que ceux qui citent. Une penſée, de quelque endroit qu'elle parte, vaudra toujours mieux qu'une ſottiſe de ſon crû, n'en déplaiſe à ceux qui ſe vantent de trouver plus chez eux & de ne rien tenir

---

(4) Préface de l'*Apologie des grands Hommes*.

de perſonne. C'eſt une bonne penſée de *La Mothe le Vayer* (5). Enfin *Bayle* ſoutient qu'il n'y a pas moins d'eſprit ni moins d'invention à bien appliquer une penſée que l'on trouve dans un livre, qu'à être le premier auteur de cette penſée (6).

Ce n'eſt donc pas une ſi grande merveille qu'EPICURE ait écrit trois cents volumes, ſans citations ; & bien loin d'être par là digne d'éloges, je le trouve au contraire très blâmable. Premierement, il a emprunté de *Democrite* ſon ſyſtême de Phyſique ſur les atomes : il a eu donc tort de ne le pas citer. En ſecond lieu, il s'eſt ſervi de la doctrine d'*Ariſtippe* ſur la volupté : il eſt donc coupable de n'en pas convenir. Il n'y a que dans les romans où l'on ſoit diſpenſé de citer, parcequ'un roman eſt un ouvrage tout d'imagination. Mais comment écrire l'Hiſtoire, ſi l'on ne fait pas uſage des mémoires des Ecrivains du tems ? Et que ſera-ce qu'un ouvrage de cette eſpece, ſi les citations manquent ? Il en eſt de même des livres qu'on fait ſur les

----

(5) *Tome IX*, *page* 341.
(6) *Dictionn. critiq.* art. *Epicure*, N. D.

sciences , parcequ'il faut se servir des principes qu'on a déja établis pour en poser de nouveaux , ou pour détruire ces principes. Dans l'un & l'autre cas, on doit citer les auteurs de ces principes.

La conséquence qu'on tire de ceci, est qu'il est ridicule qu'Epicure se soit vanté d'avoir écrit sur la Physique, sur la Botanique, sur la Médecine, &c. comme il l'a fait, sans citer aucun Auteur, puisqu'on avoit écrit sur ces sciences avant lui. Aussi les personnes éclairées pensent que s'il a supprimé les citations de ses ouvrages, ce n'est pas par cause d'ignorance, mais par un motif d'ingratitude ou de dédain pour ses prédécesseurs qu'il n'estimoit point du tout. C'est sans doute une grande tache à sa mémoire que ce mépris qu'il avoit pour les Philosophes dont il renversoit la philosophie, ou qui vouloient renverser la sienne.

Il faut regarder cela comme un vice d'Auteur; car du reste notre Philosophe étoit doux, complaisant dans sa société. C'étoit avec cette douceur & cette complaisance qu'il avoit gagné le cœur de ses disciples, & qu'il avoit conservé l'union & la paix parmi eux. La doctrine qu'il leur enſeignoit ne contribuoit pas peu à maintenir cette harmonie. Elle ſervoit à régler leur eſprit pour le même but, à les conduire à la recherche de la vérité par le même chemin, & à cal-mer la fougue de leurs paſſions par la connoiſſance de la nature. Il les mon-toit ainſi tous au même ton, & leur for-moit, pour ainſi dire, une même ame.

A cette fin il diviſoit ſa Philoſophie en trois parties, ſavoir la Dialectique, la Morale & la Phyſique.

Le premier principe qu'il établiſſoit dans l'art de raiſonner, étoit de ne point employer un mot qui eût beſoin d'être expliqué par un autre. Il recom-mandoit ſur-tout la clarté, & il s'expli-quoit très clairement lui-même. Et pour mettre cela en pratique, il remontoit à l'origine de nos idées, afin d'établir des regles exactes à cet égard.

Toutes les idées, dit-il, naiſſent des ſens. Il y a deux ſortes d'idées. La pre-miere ſorte provient de l'impreſſion di-recte que les objets font ſur nos ſens, & la ſeconde eſpece eſt produite par l'a-nalogie avec les impreſſions directes. Ces ſecondes idées ſont l'ouvrage de l'eſprit qui travaille ſur les impreſſions qu'il a reçues,

Après avoir fait ce travail, l'esprit examine les idées qu'il a & les apprécie : c'est ce qu'on appelle juger. Le jugement est quelquefois vrai & quelquefois faux. Il est vrai, quand il n'est pas démenti par les sensations évidentes : il est faux, quand il n'est pas confirmé par les mêmes sensations.

Voilà tout le fonds de la logique d'Epicure : elle se réduit à ces quatre regles.

1°. Toute connoissance naît des sensations, soit par impression directe, soit par proportion ou par imitation, ou enfin par composition.

2°. La connoissance est l'idée des attributs essentiels d'une chose ou sa définition, laquelle précede nécessairement toutes les questions qu'on peut faire sur cette chose.

3°. La connoissance précede tout jugement. C'est elle qui nous apprend l'identité, la diversité, la connexion, &c. des choses entr'elles.

4°. Ce qui n'est pas évident doit être démontré par une notion ou une connoissance évidente.

Au reste, par sensations évidentes Epicure entend celles qui se font avec

ces conditions, savoir la distance légitime, la bonne disposition de l'organe,
la convenance du milieu, & la persévé-
rance de la même impression.

On a vu ci-devant en quoi consiste
la morale de notre Philosophe. C'est
que la douleur est le souverain mal, &
la volupté le souverain bien. Toute douleur est une affection désagréable du
corps. Toute volupté est une affection
agréable ou du corps ou de l'ame ; mais
cette derniere est quelquefois précédée
ou suivie de douleurs, & la premiere
quelquefois précédée ou suivie de volupté. Il faut donc user de prudence,
disoit EPICURE à ses disciples, & se conduire selon ces quatre regles.

1°. Embrassez la volupté qui ne tient
à aucune douleur.

2°. Rejettez la douleur qui ne tient
à aucune volupté.

3°. Rejettez une volupté qui en empêche une plus grande, ou qui tient à
une plus grande douleur.

4°. Embrassez une douleur qui déli-
vre d'une plus grande douleur, ou qui
tient à une plus grande volupté (7).

____

(7) Voyez la *Morale d'Epicure*, par M. l'Abbé *Batteux*,
page 100.

A l'égard de la Phyſique, Epicure inventa un ſyſtème qu'il enſeignoit dans ſon école, & il le forma ſur celui des atomes, dont *Democrite* avoit déja voulu compoſer l'Univers. Et voici comment il raiſonnoit.

Qu'on imagine, diſoit-il, que des atomes de différentes figures aient été répandus dans un vuide immenſe, on concevra aiſément que ces atomes ſe ſont liés les uns avec les autres, & qu'ils ont pu faire des corps de différentes natures & de diverſes qualités. Le monde que nous habitons, & tous les mondes poſſibles que nous ne connoiſſons pas, ne ſont qu'un aſſemblage de ces corps. Telle eſt la maniere dont tout cela a été produit, ſelon l'expoſition qu'en a fait *Diogene de Laërce.*

« Les atomes ont tous une égale viſ
» teſſe dans le vuide où ils ne rencon-
» trent aucun obſtacle. Les légers ne
» vont pas plus lentement que ceux qui
» ont plus de poids, ni les petits moins
» vite que les grands, parceque n'y
» ayant rien qui en arrête le cours,
» leur vîteſſe eſt également proportion-
» née, ſoit que leur direction les porte
» vers le haut, ou qu'elle devienne

» oblique par collision, ou qu'elle tende
» vers le but en conséquence de leur
» propre poids. Car autant qu'un atome
» retient l'autre, autant celui-ci em-
» ploie de mouvement contre lui avec
» une action plus prompte que la pen-
» sée, jusqu'à ce qu'il n'y ait plus rien
» qui lui résiste, soit au-dehors, soit
» dans son propre poids. D'ailleurs un
» atome n'a pas plus de vélocité que
» l'autre dans les compositions, parce-
» qu'ils ont encore une vitesse égale
» relativement aux assemblages qu'ils
» forment & dans le moindre tems con-
» tinué. Que s'ils ne font pas portés
» dans un même lieu, & qu'ils foient
» souvent repoussés, ils feront tranf-
» portés par des tems mesurables, juf-
» qu'à ce que la continuité de leur tranf-
» port tombe fous les fens » (8).

Ainfi la production du monde, fa
conduite, fon gouvernement, & la génération des êtres, ne font que l'affemblage fortuit des atomes, lefquels ont
pris de telles liaifons & de tels mouvements, que les chofes fe font faites de

---

(8) *Les Vies de Diogene de Laërce*, Tome II, page 384
de la derniere traduction.

la maniere que nous le voyons à préfent.

Lorfque *Democrite* imagina le monde
compofé d'atomes, il les anima, parcequ'il ne crut pas que leur affemblage
pût former diverfes efpeces d'animaux,
diverfes manieres de fentiments, diverfes combinaifons de penfées; mais Epicure ne parle pas de cette ame des
atomes, & on ne conçoit pas comment
des corps inanimés peuvent former des
corps animés. Notre Philofophe penfoit
peut-être qu'il étoit abfurde de douer les
atomes d'une ame : pourtant cela n'eft
pas plus abfurde que de fuppofer qu'ils
exiftent & qu'ils fe meuvent d'eux-mêmes.

Cependant Epicure prétendoit que
l'ame eft compofée d'atomes ronds &
légers, fort différents de ceux du feu;
que la partie raifonnable de l'ame eft
difperfée dans la poitrine : ce qui eft
d'autant plus évident, difoit-il, que
c'eft là que la crainte & la joie fe font
fentir. Il la confidéroit comme un corps
très fubtil répandu dans un corps orga-
nifé & très approchant d'un fouffle de
flamme, tenant à-la-fois de l'air & du
feu. Ce qui prouve, felon Epicure,

que telle est la nature de l'ame , ce sont ses facultés , ses affections , son agilité , ses pensées , & toutes les propriétés que la mort nous fait perdre.

De cette Physique générale Epicure descendoit à une Physique particuliere, par laquelle il vouloit expliquer les phénomenes de la nature. Il enseignoit donc que le soleil , la lune , & les autres astres , de même que la terre & la mer , se font accrus & conformés par les sécrétions & les circonvolutions d'une matiere subtile , semblable à l'air & au feu ; que le mouvement des astres provient du mouvement général du ciel même qui les entraîne avec lui ; que les retours périodiques du soleil & de la lune sont causés par l'obliquité du ciel , qui avec le tems a pris cette configuration ; que les accroissements & les déclins de la lune viennent de ce qu'elle a un côté obscur & qu'elle se meut sur elle-même ; que les éclipses du soleil & de la lune sont causées par l'extinction même de la lumiere de ces deux astres , ou par l'opposition de quelque autre corps , tel que le ciel & la terre ; que la variation successive dans la longueur des jours & des nuits provient de ce que le soleil va tantôt plus vîte, tantôt plus lentement, selon les lieux qu'il a à traverser, soit au-dessus, soit au dessous de l'horison.

Notre Philosophe expliquoit le tonnerre, en disant qu'il est l'effet des vents qui se roulent dans la cavité des nuages comme dans des tonneaux vuides. Il rendoit raison des éclairs, en supposant que le frottement & le choc des nuages donnent la configuration qui produit le feu, & par conséquent l'éclair. Il vouloit que la foudre fût l'effet des vents emprisonnés qui se roulent violemment, s'enflamment, & brisent la nuée par un feu qui se précipite sur la terre. Enfin il soutenoit que les cometes sont un feu nourri dans certains lieux de l'air pendant un certain tems.

Ce ne sont ici que des conjectures vagues, absolument dénuées de preuves, & qu'il donnoit à la vérité pour telles. Mais une chose qu'il croyoit fermement, c'est qu'il s'échappe sans cesse des images des corps. Chaque corps fournit, suivant Epicure, une infinité d'images qui en conservent toute l'empreinte, & jusqu'aux moindres traits. Ce sont ces images qui nous rendent les objets sensibles. Nos sens ne sont que

des especes de réservoirs où elles se rendent & où elles introduisent leurs qualités. D'où il suit que ce qui se passe en
nous vient d'ailleurs & malgré nous.
Les objets que nous voyons sont des
images des objets qui entrent dans nos
yeux. Le bruit qu'excite un corps so-
nore entre dans nos oreilles ; l'odeur
s'insinue dans le nez ; la saveur s'appli-
que au palais , &c.

Ce système , que tous les corps en-
voient des images ou des especes qui
leur ressemblent , fit grand plaisir aux
disciples d'EPICURE , tellement qu'ils re-
noncerent en sa faveur aux regles les
plus communes de l'Optique. Ils soutin-
rent même que nos yeux voient les
corps tels qu'ils sont ; que le soleil & la
lune ne sont pas différents de ce qu'ils
nous paroissent , & que leur grandeur
est précisément égale & conforme à celle
de leurs especes ou de leurs images.

Ils croyoient cela plus fermement que
leur Maître ; car EPICURE ne pensoit
pas avoir expliqué par ses systêmes aucun phénomene de la nature. Le même
phénomene , disoit-il , peut avoir différentes causes , & par conséquent différentes explications également d'accord

avec les idées produites par les sens. Aussi ne vouloit-il pas que ses disciples fissent une étude particuliere de la Physique ; & pour les en détourner, il leur parloit ainsi : *Mettez - vous dans l'esprit qu'on ne doit se proposer l'étude des phénomenes célestes, soit en général, soit en particulier, pour d'autres fins que la paix & la tranquillité de l'esprit. C'est l'objet unique de toutes les parties de la Philosophie..... Le bonheur de notre vie dépend de l'imperturbabilité de notre ame, & non de discours impétueux & d'opinions neuves qui ne portent sur rien.*

C'est là en effet tout le but de sa philosophie. Ne négligez rien, écrit-il à *Menecée*, l'un de ses disciples, de ce qui peut vous mener à la félicité. Heureux celui qui s'est fixé dans cette situation tranquille ! Il n'a plus de souhaits à faire. Et comme il craignoit que l'étude de la mort ne troublât cette félicité, il donne à *Menecée* des instructions qui sont trop belles pour les passer sous silence. Voici comment il parle à ce disciple.

Faites-vous une habitude de penser que la mort n'est rien à notre égard, puisque la douleur ou le plaisir dépend du sentiment, & qu'elle n'est rien que la privation de ce même sentiment. C'est une belle découverte que celle qui peut convaincre l'esprit que la mort ne nous concerne en aucune maniere : c'est un heureux moyen de passer avec tranquillité cette vie mortelle, sans nous fatiguer de l'incertitude des tems qui la doivent suivre, & sans nous repaître de l'espérance de l'immortalité.

En effet ce n'est point un malheur de vivre à celui qui est une fois persuadé que le moment de sa dissolution n'est accompagné d'aucun mal ; & c'est être ridicule de marquer la crainte que l'on a de la mort, non pas que sa vue, dans l'instant qu'elle nous frappe, donne aucune inquiétude, mais parceque dans l'attente de ses coups l'esprit se laisse accabler par les tristes vapeurs du chagrin. Est-il possible que la présence d'une chose étant incapable d'exciter aucun trouble en nous, nous puissions nous affliger avec tant d'excès par la seule pensée de son approche ?

La mort, encore un coup, qui paroît le plus redoutable de tous les maux, n'est qu'une chimere, parcequ'elle n'est rien tant que la vie subsiste ; & lorsqu'elle arrive, la vie n'est plus. Ainsi elle n'a point d'empire ni sur les vivants ni sur les morts : les uns ne sentent pas encore sa fureur, & les au-

tres, *qui n'existent plus, sont à l'abri de ses atteintes.*

Malgré ces beaux raisonnements, personne n'a eu, selon *Ciceron*, plus de peur de la mort & des Dieux qu'Epicure. Elevé dès son enfance dans la frayeur des esprits & des démons contre qui sa mere employoit les rits expiatoires dans les maisons des particuliers, il avoit eu long-tems l'imagination remplie de fantômes hideux. Ce fut pour se délivrer de cette idée pleine de trouble & de terreur, qu'il fit sur la mort toutes les réflexions qu'on vient de voir. Il avoit encore une maxime pour quitter ce monde sans regret, c'étoit de songer à mettre fin à ses jours quand la mesure de la vie est à-peu-près remplie & les facultés presque usées, parcequ'on acquiert par là une diminution de douleur & un accroissement de gloire. Il mit lui-même cette maxime en pratique.

Il avoit soixante & douze ans, & il souffroit beaucoup de la gravelle. Il étoit d'ailleurs d'une complexion si foible, qu'à peine pouvoit-il porter ses habits, descendre de son lit, voir la lumiere & le feu. Dans cet état de foibleſſe & d'anéantiſſement, il crut qu'il étoit tems de terminer ſa carriere. Il prit donc jour pour mourir ; & le jour arrivé, il écrivit cette lettre à *Hermachus*, l'un de ſes diſciples.

Je vous écris, Hermachus, *dans cet heureux jour, le dernier de ma vie. Je ſouffre des entrailles & de la veſſie au-deſſus de tout ce qu'on peut imaginer. Mais j'oppoſe à mes maux la joie de mon eſprit en me rappellant les preuves des importantes vérités que j'ai établies. Je vous recommande les enfants de* Metrodore (9). *C'eſt un ſoin digne de l'attachement que vous avez eu dès votre jeuneſſe pour la Philoſophie & pour moi.*

Après avoir écrit cette lettre, il mit ordre à ſes affaires. Il fit ſon teſtament, par lequel il légua ſon bien à ſes diſciples, à condition qu'ils ſoutiendroient ſon école, qu'ils auroient ſoin de ſon jardin, & qu'ils en laiſſeroient la jouiſſance à tous les Philoſophes qui adopteroient ſa doctrine. Telle fut ſon occupation derniere. Il ſe fit deſcendre dans un

---

(9) Son diſciple, & qui les avoit eus de *Leontium* qui vivoit dans le jardin d'EPICURE, & avec laquelle il s'étoit marié.

bain d'eau chaude, demanda un verre de vin pur qu'il but, & expira dans ce bain la seconde année de la cent vingt-septieme olympiade, dans la soixante & douzieme année de son âge.

« C'est ainsi (suivant la juste remar-
» que de M. l'Abbé *Batteux*) qu'un Phi-
» losophe voluptueux, qui ne connois-
» soit de loix que celles du hasard, du
» méchanisme & de l'opinion, devoit
» terminer ses jours dans l'endroit où
» son être cessoit d'être un bien pour
» lui. Il s'est délivré de la vie pour se
» délivrer de la douleur. C'est l'exemple
» qu'il a laissé à ses disciples. Reste à
» savoir si la douleur qui fait renoncer
» à la vie ne sera pas assez forte pour
» renoncer à la vertu » (1).

Cette question qui est belle assuré-ment, n'est pas si difficile à résoudre qu'on le croit, & on peut répondre né-gativement sans craindre de se tromper. En effet un homme bien né redoute moins la mort que l'infamie, parceque la vie sans honneur est un opprobre. Il aimera mieux mourir, même dans les

____

(1) *Morale d'Epicure tirée de ses propres écrits*, page 301.

tourments, que de commettre un crime, que de se déshonorer par une lâ-
cheté. En un mot un homme vertueux
préfere les douleurs du corps aux flé-
trissures de l'ame; & il meurt avec joie,
pourvu qu'il meure sans tache. La douleur qui fait renoncer à la vie ne sera
donc jamais assez forte pour renoncer à
la vertu, quand on connoîtra le prix &
les avantages inestimables de la vertu.

La mort d'EPICURE fut un deuil public chez les Athéniens: ils lui érigerent
des statues. Sa mémoire fut tellement
respectée par eux, qu'ils condamnerent
à mort un certain *Theotime* pour avoir
composé sous son nom des lettres infa-
mes adressées à quelques-unes des fem-
m esqui fréquentoient son jardin.

Pline dit qu'on se faisoit gloire d'or-
ner les salles avec ses portraits, de les
porter même sur soi; & il ajoute que le
vingtieme de la lune on célébroit des
fêtes en l'honneur de ses images (1).

On admira long-tems & l'austérité de
sa vie & la pureté de sa morale, & son
systême du monde. L'incomparable *Lucrece*, charmé des découvertes que ce Sa-

---

(1) Plin. *Hist*. Nat. Lib. XXXV. Cap. 2.

vant Grec avoit faites en Philosophie, en voulut être l'Interprete & le Panégyriste. A cette fin il entreprit ce Poëme fameux dans lequel il embellit par la douceur de la Poësie la doctrine seche & équivoque d'EPICURE. Il avoit pour ce Philosophe la plus haute estime, & le préféroit à tous les Sages de l'antiquité. Il s'est élevé, dit-il dans le troisieme livre de son Poëme, au-dessus de tous les mortels par l'effort de son génie, & a paru parmi les Sages avec le même éclat que répand le soleil, dont la lumiere à son lever éclipse insensiblement celle des autres astres (3).

L'ouvrage immortel de *Lucrece* devoit soutenir la gloire d'EPICURE, & mettre sa mémoire à l'abri de l'insulte : cependant, malgré les éloges de ce Poëte Philosophe, malgré ceux que lui donna *Ciceron* dans plusieurs endroits de ses ouvrages, il s'éleva un cri contre sa morale. On publia par tout que cette morale tendoit à corrompre les mœurs, en faisant consister la sagesse dans l'a-

---

(3) *Ipse* EPICURUS . . . .
Qui genus humanum ingenio superavit & omnes
Præstrinxit stellas exortus uti æthereus sol.

mour de la volupté ; & ce bruit s'accréditant de jour en jour, on perfécuta pendant plufieurs fiecles la mémoire & la philofophie d'EPICURE avec le plus grand acharnement. Le nom de ce Philofophe devint même un blafphême.

Cet emportement eut fon terme , & il fortit du fein de fes ennemis des apologiftes de fa doctrine. A la renaiffance des Lettres plufieurs habiles gens parurent qui prirent fa défenfe. Un Savant nommé *Bonciarius* compofa un volume entier pour prouver que de tous les anciens Philofophes , EPICURE eft celui qui a le plus approché de la vérité. D'autres Savants s'emprefferent à l'envi à le juftifier ; mais l'illuftre *Gaffendi* a rétabli fa gloire , en faifant la plus belle apologie de fa doctrine & de fa morale dans un ouvrage qu'on regarde avec raifon comme un chef-d'œuvre (4).

Ce qui avoit révolté les gens de bien contre EPICURE, c'eft qu'on croyoit qu'il faifoit confifter la fageffe en l'amour de la volupté , & ils comprenoient

---

(4) Cet ouvrage eft intitulé : *De Vitâ, Moribus & Placitis Epicurii.* Voyez le *plan de cet ouvrage* dans le troifieme Volume de l'*Hiftoire des Philofophes modernes* , hiftoire de *Gaffendi.*

fous ce nom la jouiſſance des plaiſirs les
moins permis ou les plus licencieux. C'é-
toit à la fois & une groſſiere & une grande injuſtice qu'on commettoit ; car la volupté d'Epicure eſt une joie pure qui
nait de l'obſervation des loix , de celle
de ſes devoirs, en un mot de la tranquillité de l'ame. Car toute ſa morale ſe réduit à avoir le corps exempt de douleur
& l'ame exempte de trouble, c'eſt à-dire
à ne ſouffrir ni mal phyſique ni mal moral : ce qui conſtitue néceſſairement la
félicité de l'homme.

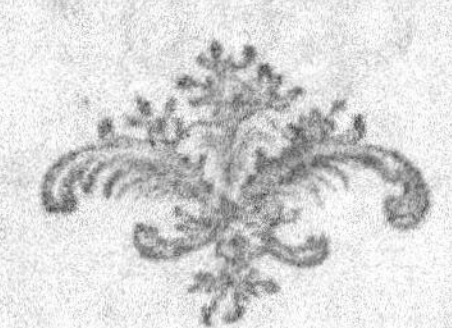

THEOPHRASTE.

THEOPHRASTE*.

Il semble que rien ne devoit égaler
à Athenes la célébrité de l'école d'*Epicure*. On y venoit de toutes les parties
du monde, & les personnes de l'un &
de l'autre sexe s'empressoient à l'envi
à profiter d'une doctrine qui s'annonçoit
sous le nom séduisant de la volupté.
Mais, quelque considérable que fût le
nombre des disciples de ce Philosophe,
il étoit encore inférieur à celui qu'avoit
rassemblé au Licée le successeur d'*Aristote*. C'est THEOPHRASTE, l'un des
plus grands Moralistes de l'antiquité. Il
compta dans son école jusqu'à deux
mille disciples, & il dut ses succès à la
douceur de son éloquence qu'on comparoit à celle du vin de Lesbos, île de
Grece où il reçut le jour; car il naquit
à Erese, ville de Lesbos, la quatre-

* *Diogene de Laërce*, L. IV. *Aulugellii Noctes Atticæ*,
Lib. XIII. Cap. V. *Discours sur Theophraste*, à la tête
des *Caractères de Theophraste*, traduits du grec par M.
de la Bruyere]. *Historia Philosoph.* Auct. *Thomâ Stanleio*.
Part. V. *Jac. Bruckeri Histor. crit. Philosop.* Tom. I. Et ses
Ouvrages.

vingt-dixieme olympiade, c'eſt-à-dire trois cents trente-deux ans avant l'ere chrétienne.

Son pere, nommé *Melante*, y exerçoit le métier de Foulon. Il lui fit faire ſes premieres études ſous un certain *Leucippe*, ſon concitoyen, & qui n'eſt pas connu. Peu content de ſes inſtructions, THEOPHRASTE alla à Athenes. Il fréquenta d'abord avec aſſez d'aſſiduité l'Académie de *Platon*; & de là il paſſa à l'Ecole d'*Ariſtote*, où il ſe fixa.

Il fut émerveillé de la profonde ſcience de ce grand homme. De ſon côté *Ariſtote* ne tarda pas à le diſtinguer de ſes autres diſciples. Notre Philoſophe avoit tant de pénétration, qu'il concevoit & expliquoit ſans peine ce qu'on lui apprenoit; bien différent d'un de ſes collegues, connu ſous le nom de *Calliſtene*, dont la conception étoit fort lente; de ſorte qu'*Ariſtote* diſoit de ſes deux diſciples, ce que *Platon* avoit dit de lui & de *Xenocrate*; ſavoir, que THEOPHRASTE avoit beſoin de bride, & *Calliſtene* d'éperon.

Ce n'étoit pas ſeulement par la facilité de ſon intelligence que notre Philoſophe charmoit ſon nouveau maître: il

l'enchantoit fur-tout par les charmes de
fon élocution ; auffi *Ariftote* changea
fon nom, qui étoit *Tyrtame*, en celui
d'*Euphrafte*, qui fignifie beau parleur.
Il jugea dans la fuite que ce nom ne répondoit pas encore affez à la haute eftime qu'il avoit de la beauté de fon génie
& de fon langage, & il l'appella
THEOPHRASTE, c'eft-à-dire, un homme dont le langage eft divin.

Il eft affez ordinaire que la primauté
qu'on donne à un écolier, indifpofe fes
collegues, parceque tout mérite exclufif
humilie ceux qui courent la même carriere. On devoit donc s'attendre que la
diftinction qu'*Ariftote* faifoit de THEO-
PHRASTE, indifpoferoit fes autres difciples ; mais celui ci, né doux & obligeant, fut tempérer l'amertume de cette
préférence par les qualités de fon cœur.
Il parloit avantageufement de tout le
monde, & favoit faire valoir le mérite
des autres, lors même qu'ils l'oublioient,
ou qu'ils fembloient l'ignorer par mo-
deftie.

Pendant qu'il captivoit ainfi l'amitié de
fes compagnons & l'eftime de fon maître, les Prêtres de Cerès fufciterent une
perfécution à celui-ci, laquelle l'obligea

à se retirer à Chalcis. Il nomma en partant THEOPHRASTE pour son successeur, & lui confia ses écrits, à condition de les tenir secrets.

Ce Philosophe prit donc la direction du Licée, lorsqu'*Aristote* sortit d'Athenes. C'est cequ'assurent presque tous les Historiens de la Philosophie : tel n'est point cependant le sentiment d'*Aulugelle*. Cet Auteur a écrit que les Aristoteliciens, voyant leur maître avancé en âge & d'une santé très foible, le prierent de lui nommer un successeur, & lui désignerent *Menedeme* de Rhodes, & THEOPRASTE.

Aristote répondit à ses disciples qu'il auroit égard à leurs prieres. Comme il estimoit *Menedeme*, il craignoit de le mortifier en se déclarant sans ménagement pour notre Philosophe, qu'il jugeoit plus digne de la place. Il chercha donc un moyen de lui sauver cette mortification. A cette fin, il feignit que le vin dont il faisoit usage, l'incommodoit. Il demanda des vins de Rhodes & de Lesbos, & après les avoir goutés tous les deux, il dit que chacun dans son genre étoit excellent ; que le premier avoit de la force, mais que celui de

Lesbos

Lesbos avoit plus de douceur , & qu'il lui donnoit la préférence.

M. *de la Bruyere* suspecte un peu ce récit , qui n'est point du tout croyable ; car tout le monde sait qu'*Aristote* , après avoir lutté long - tems dans son exil contre les persécutions des Prêtres de Cerès , s'empoisonna. Il ne mourut donc pas à Athenes ; & s'il n'y est pas mort , il n'y a pas nommé son successeur dans le tems qu'*Aulugelle* le dit.

Quoi qu'il en soit , notre Philosophe soutint dignement l'Ecole de son prédécesseur. Son zele pour le bien public , ses travaux , son affabilité , sa bienfaisance, y attirerent un concours prodigieux de disciples : mais ses succès, & cette gloire qu'ils lui procuroient , lui susciterent des ennemis.

Un nommé *Sophocle* , qui étoit Préteur , fut jaloux des hommages qu'on rendoit à THEOPHRASTE en particulier, & à tous les Philosophes en général. Extrêmement vain, & glorieux de la place qu'il occupoit , il crut qu'il devoit fixer seul l'attention du Public. Il chercha donc à écarter des gens qui lui enlevoient des honneurs qu'il desiroit qu'on lui rendît : ainsi , sous prétexte d'une exacte police , & d'empêcher les assemblées , il fit une loi , qui défendoit sur peine de mort à aucun Philosophe d'enseigner publiquement sans une permission expresse du Sénat.

Une loi si odieuse indigna tous les Philosophes : ils fermerent leurs écoles, & sortirent d'Athenes. Cette désertion affligea les honnêtes gens de cette ville, tellement qu'un ami d'*Aristote* , appellé *Philon* , qui faisoit profession d'honorer ceux qui cultivoient les Sciences , composa une apologie des Philosophes retirés. Il les lava dignement de tous les reproches qui servoient de motifs à la loi de *Sophocle*. L'écrit étoit victorieux ; cependant , comme il y avoit des personnes en place qui croyoient être intéressées à humilier les Philosophes , un certain *Democharès* , homme accrédité , prit la plume pour justifier cette loi. Il fit un portrait odieux de tous les Philosophes ; mais cette satyre outrée les servit, bien loin deleur nuire. L'année suivante *Philon* ayant succédé à *Sophocle* , le Peuple d'Athenes abrogea la loi que celui-ci avoit rendue , le condamna à une amende de cinq cents talents , & rétablit THEOPHRASTE , & les autres Philosophes en la possession de leurs écoles.

Ces hommes estimables reprirent donc leurs exercices avec une nouvelle ardeur. On accourut avec plus d'empressement qu'auparavant aux leçons de THEOPHRASTE ; & le Peuple, témoin de ses heureux succès, conçut pour lui la plus haute estime : il le lui fit connoître dans une occasion qui se présenta bientôt après.

Les ennemis de ce grand homme ne pouvant l'attaquer du côté du savoir, s'aviserent de suspecter sa religion : c'est la derniere ressource des ennemis des Sages. Ils lui susciterent un avanturier, connu sous le nom d'*Agnonide*, qui osa l'accuser d'impiété ; mais le Peuple fit taire ce calomniateur, & l'accusant lui-même d'impie, le menaça de le punir.

Il est vrai que la vertu de notre Philosophe étoit aussi connue que son mérite. Non seulement il se rendoit utile aux hommes par ses études, il les servoit encore au dehors lorsque le cas le requéroit. La ville d'Erese, sa patrie, ayant été accablée par des tyrans qui en usurpoient le gouvernement, il se joignit à un citoyen généreux, nommé *Phidias*, & contribua avec lui de ses biens pour chaſſer ces tyrans , & rendre la liberté à toute l'île de Lesbos.

Tant de rares qualités lui acquirent & la bienveillance du Peuple & l'eſtime des Rois. Il fut ami de *Caſſandre* , Roi de Macédoine ; & *Ptolomée* , premier Roi d'Egypte , entretint toujours avec lui un commerce d'amitié ; il l'invita même pluſieurs fois à venir ſe délaſſer à ſa Cour : mais il aimoit trop l'étude de la retraite , pour ne pas la préférer à ces plaiſirs brillants qu'on goûte dans les palais des Rois. Il étoit d'ailleurs occupé à des compoſitions ſavantes , dont il gratifioit le Public à meſure qu'il les finiſſoit. On admiroit également à Athenes la profondeur & la variété de ſes connoiſſances ; car il écrivoit ſur toutes ſortes de matieres, ſur la Phyſique , ſur la Botanique & ſur les animaux : mais ce qui le diſtinguoit ſur-tout d'entre les Sages de ſon temps , c'étoit ſon langage , les graces & la pureté de ſes diſcours. Qui eſt plus doux & plus agréable que THEOPHRASTE, demande l'Orateur Romain ? C'étoit ſans contredit le plus beau parleur qu'il y eût à Athenes.

Cependant il lui arriva une aventure qui le ſurprit beaucoup. Etant allé acheter des herbes au marché , la femme qui

les lui vendoit, l'appella étranger : elle
le reconnut tel à un certain je ne sais
quoi d'Attique, qui distinguoit les Athéniens. Notre Philosophe ne pouvoit
comprendre comment, possédant si par-
faitement le langage attique , & en
ayant acquis l'accent par une habitude
de plus de cinquante années , il ne s'é-
toit pu donner ce que le simple Peuple
avoit naturellement & sans nulle peine.

C'étoit sans doute l'accent qui l'avoit
trahi ; car on ne l'auroit point dit étranger en lisant ses écrits, & sur-tout ses
Caractères. C'est un livre de morale
où il peint les vertus & les vices de
son temps : & comme la nature ne
varie guere , cette peinture est si vraie ,
qu'on y reconnoît les vices & les vertus du nôtre. » Il ne se voit rien , dit
» un juste & éclairé Appréciateur de
» cet Ouvrage (M. *la Bruyere*) ,
» il ne se voit rien où le goût atti-
» que se fasse mieux remarquer , &
» où l'élégance grecque éclare davan-
» tage : on l'a appellé un livre d'or.
» Les Savants, faisant attention à la di-
» versité des mœurs qui y sont traitées,
» & à la maniere naïve dont tous les ca-
» ractères sont exprimés, & la compa-

» rant d'ailleurs avec celle du Poëte
» *Menandre*, disciple de *Theophraste*, &
» qui servit ensuite de modele à *Térence*,
» qu'on a de nos jours si heureusement
» imité, ne peuvent s'empêcher de re-
» connoître dans ce petit Ouvrage la
» premiere source de tout le comique,
» je dis de celui qui est épuré des poin-
» tes, des obscénités, des équivoques,
» qui est pris dans la nature, qui fait
» rire les Sages & les Vertueux ».

Ce fut dans la doctrine d'*Aristote*, son maître, qu'il puisa les principes de son Ouvrage ; mais il eut l'art de se les rendre propres, & par l'étendue qu'il leur donna, & par la satyre qu'il en tira contre les vices des Grecs, & sur-tout des Athéniens. Et tout cela étoit le fruit de son recueillement, de son travail, & du bon usage qu'il savoit faire du temps.

Une de ses maximes étoit que la plus forte dépense que l'on puisse faire, étoit celle du temps. Une autre de ses maximes étoit qu'il ne falloit pas aimer ses amis pour les éprouver, mais les éprouver pour les aimer. Il dit un jour à un homme avec qui il dînoit, & qui ne disoit mot : Si tu es un habile homme, tu as tort de ne pas parler ; & si tu ne l'es pas, tu en sais beaucoup.

C'étoit affurément bien prendre les chofes ; car il eſt difficile qu'un homme en ſache beaucoup, & qu'il ne ſoit pas un habile homme. Mais Theophraste ne ſavoit dire que des chofes obligean-lors même qu'il reprenoit quelqu'un. Auffi étoit-il chéri de tous les Athéniens, qui le voyoient toujours avec plaiſir. Il étoit même obligé de leur procurer ce plaiſir ; & lorſque, parvenu à une extrême vieilleſſe, il ne put plus marcher, il ſe faiſoit promener par la ville dans une litiere.

Enfin, accablé d'années & de fatigues, il fut obligé de quitter le travail pour ſonger à la mort. Ses diſciples, qui ne le quittoient pas, s'appercevant qu'il touchoit à la fin de ſa carriere, lui demanderent s'il n'avoit rien à leur recommander : Non, dit-il ; mais retenez bien ce que je vais vous dire.

La vie nous ſéduit ; elle nous promet de grands plaiſirs dans la poſſeſſion de la gloire : mais à peine commence-t-on à vivre, qu'il faut mourir. Il n'y a rien ſouvent de plus ſtérile que l'amour de la réputation ; cependant tâchez de vivre heureuſement. Ne vous appliquez pas du tout à la ſcience, parcequ'elle demande beaucoup de travail ; ou si vous vous y appliquez, faites-le comme il faut, parceque la gloire qui vous en reviendra, sera grande. Le vuide de la vie l'emporte sur les avantages qu'elle procure ; il y a beaucoup de choses inutiles, & il y en a peu qui menent à une fin solide. Mais il n'est plus temps pour moi de conseiller ce qu'il faut faire ; c'est à vous-mêmes d'y prendre garde.

Il se plaignit en mourant de ce que la nature avoit accordé aux cerfs & aux corneilles une vie si longue qui leur est si inutile, pendant qu'elle avoit donné aux hommes une vie très courte, quoiqu'il leur importât beaucoup de vivre long-temps : aussi regretta-t il de sortir de la vie dans un temps où il ne faisoit, dit-il, que commencer à être sage.

Il mourut à l'âge de quatre-vingt-cinq ans, selon *Diogene de Laërce* ; & de cent sept ans, si l'on en croit Saint *Jerôme.* Toute la Grece le pleura, & tous les Athéniens assisterent à ses funérailles. On trouva après sa mort son testament, par lequel il disposoit de ses biens en faveur de ses amis. Il y a dans ce testament un trait remarquable, qui mérite d'être rapporté : le voici.

On achevera, dit-il, *le lieu que j'ai*

consacré aux *Muses*, & les statues des *Déesses* , & on fera ce qui est convenable pour les embellir : ensuite on placera dans la Chapelle l'image d'*Aristote* , & les autres dons qui y étoient auparavant. On construira , près de ce lieu dédié aux *Muses* , un petit portique aussi beau que celui qui y étoit. On mettra les *Mappemondes* dans le portique inférieur , & on élevera un autel bien fait & convenable.

A l'égard de ses Ouvrages , *Diogene de Laërce* compte deux cents traités de sa composition , sur toutes sortes de sujets. Il faut avouer que les Anciens écrivoient avec bien de la facilité , car aucun Savant moderne n'a été aussi fertile qu'eux ; & cependant nous avons eu beaucoup d'Ecrivains très féconds , & un grand nombre de *Scuderi* qui enfantoient sans peine un volume par mois , pour me servir de l'expression d'un Poëte François (*Boileau Despreaux*). Il n'est pas possible qu'un homme , quelque génie qu'il ait , puisse composer des Ouvrages même médiocres , dès qu'il se partage sur toutes sortes de matieres , dont l'une suffit pour l'occuper toute sa vie , lorsqu'il veut l'approfondir.

Quand on ne voudroit dire que ce

qu'on a déja dit , cela seroit impossible ;
car premierement il faudroit avoir le
temps de s'en instruire : en second lieu il
faudroit avoir l'intelligence de comprendre des choses opposées, qui demandent
chacune un génie particulier ; de sorte
que celui qui est né véritablement Botaniste ou Physicien, ne peut être que médiocre Moraliste ou Grammairien.

Aussi les écrits ds THEOPHRASTE sur
les Plantes, sur les Animaux, sur les
Météores, sur la Logique, sur la Géométrie, n'ont pas fait fortune parmi
nous *. Nous ne voyons point dans les
Historiens de la Philosophie qu'on en
ait fait grand cas lorsqu'ils parurent ;
mais nous savons que son Ouvrage de
morale a toujours été regardé comme
un chef-d'œuvre, tant à cause du fonds
des choses , que par la maniere dont
ces choses sont présentées.

Aussi le genre propre de ce Philosophe étoit la Morale & la Diction ; &
c'est sa qualité de grand Moraliste &

---

* On peut en juger par l'extrait qu'a fait de ses meilleures pensées M. *Cudword* dans son *Système Intellectuel* ,
C. IV , ou en consultant ses propres Ouvrages , qui ont été
recueillis à Leyde en 1613 , *in-folio* , par le célebre M.
Heinsius.

d'excellent Ecrivain qui lui a acquis cette réputation qui a transmis son nom parmi nous. Aussi , quoique les *Caracteres* de THEOPHRASTE aient été écrits il y a plus de deux mille ans , nous nous y reconnoissons encore , & cependant il peint dans ce livre les mœurs d'Athenes , qui étoient bien différentes des nôtres.

Il y avoit sans doute dans la Grece des coutumes qui nous paroissent ridicules aujourd'hui , parceque nous avons d'autres loix & d'autres constitutions de gouvernement , & assurément plus de lumieres. Mais combien y a-t-il d'usages parmi nous qui sont pour le moins aussi répréhensibles que les leurs ? quand ce ne seroit que celui où l'on est de paroitre en pleine paix & dans une tranquillité publique garni d'armes offensives, avec lesquelles un citoyen peut d'un seul coup en tuer un autre. Les modes , les préjugés varient bien , & sont presque toujours blâmables : mais le cœur des hommes & leurs passions ne changent point ; & quand un grand Moraliste les a peints, on les reconnoît dans tous les temps.

Tel est aussi le mérite des caracteres , qui renferment cette belle doctrine de

notre Philosophe , qui l'a immortalisé.
Cependant on prétend que ce livre n'est
que le commencement d'un plus grand
ouvrage , & que le projet de l'Auteur
étoit de traiter de toutes les vertus & de
tous les vices , si la mort n'eût mis fin
à ses travaux : & il est certain que cette
prétention est bien fondée , car on voit
clairement que ce livre n'est que l'ébau-
che d'un plus grand ouvrage.

Quoi qu'il en soit de cette prétention,
ce qui nous en reste, donne une idée de
ce qui devoit suivre. Voici en effet les
principes de sa morale.

Morale de THEOPHRASTE.

On peut , & on doit même regarder
la stupidité comme la source de tous les
vices. Elle est en nous une pesanteur
d'esprit qui accompagne nos actions
& nos discours. Un homme stupide
ayant lui - même calculé avec des jet-
tons une certaine somme , demande à
ceux qui le regardent faire , à quoi elle
se monte. Cet homme n'a point de mémoire : il s'endort aux spectacles , & ne
se réveille que long-temps après que la
pièce est finie. Si on lui apprend la mort
d'un de ses amis , il pleure & se déses-

pere ; & au milieu de son désespoir il lui
échappe plusieurs mots qui expriment
une ame tranquille , comme *à la bonne
heure* , ou semblable sottise. Et lorsqu'on
lui demande par hasard combien il a vu
sortir de morts par la porte sacrée , pour
être enterrés hors de la ville : Autant ,
répond-il , (pensant peut être à de l'argent ou à des grains) , que je voudrois
que vous & moi en pussions avoir.

De la stupidité naît la superstition :
elle est une crainte mal réglée de la Divinité. Le superstitieux croit aux bons &
aux mauvais augures ; il purifie sans
cesse la maison qu'il habite. Il évite de
s'asseoir sur un tombeau , comme d'assister à des funérailles , & d'entrer dans
la chambre d'une femme qui est en couches , parcequ'il croit que tout cela n'est
point agréable à la Divinité. Et lorsqu'il
lui arrive d'avoir quelque vision pendant son sommeil , il va trouver les Interpretes des songes, pour savoir à quel
Dieu & à quelle Déesse il doit sacrifier.
Enfin , si par hasard un rat lui a rongé un
sac de farine , il court au Devin , qui ne
manque pas de lui enjoindre d'y faire
mettre une piece : mais bien loin d'être
satisfait de sa réponse , effrayé d'une

aventure si extraordinaire, il n'ose plus se servir de son sac, & s'en défait.

La rusticité, la brutalité, la sotte vanité, & l'ostentation, sont encore des enfants de la stupidité.

En effet la rusticité est l'ignorance grossiere des bienséances. Les bienséances consistent à ne pas parler haut, & à réduire sa voix à un ton modéré ; à se confier à ses propres amis, & non à converser familiérement avec ses domestiques ; à estimer ce qui est estimable, & non pas à faire l'éloge d'un âne ou d'un bœuf, & à ne point dire des choses inutiles ou ridicules, &c.

La brutalité est une dureté, une sorte de férocité & dans les actions & dans les discours. Un brutal dit des injures pour la moindre chose qu'on lui a faite, comme si on l'a poussé légérement, ou si on lui a marché sur le pied. Il ne lui arrive jamais de se heurter à une pierre qu'il rencontre en son chemin, sans lui donner de grandes malédictions. Il ne daigne attendre personne ; & si l'on differe un moment de venir à un rendez-vous, il s'en va. Enfin il se distingue toujours par une grande singularité.

On entend par sotte vanité une pas-

son inquiete de se faire valoir par les
plus petites choses , ou de chercher
dans les sujets les plus frivoles un nom
& des distinctions. Et l'ostentation est
la passion de faire montre d'un bien ou
des avantages qu'on n'a pas.

Voilà les passions qui découlent de la
stupidité. Il en est d'autres qui n'ont
point cette origine. Telles sont l'orgueil,
qui est une passion qui nous porte à n'estimer que soi; la dissimulation, qui est un
certain art de composer ses paroles &
ses actions pour une mauvaise fin; la flat-
terie , qui est un commerce honteux de
louanges, lequel n'est utile qu'au flatteur;
l'avarice, qui est le sacrifice de l'honneur
& de la gloire à l'intérêt ; l'épargne sor-
dide , qui est une espece d'avarice , laquelle consiste à ménager les plus petites choses sans aucune fin honnête ; & la
défiance , qui est la persuasion que l'on
a que tout le monde peut nous tromper.

Ces vices forment ce qu'on appelle le
coquin, l'impudent , l'impertinent , le
grand parleur , l'esprit chagrin, le vilain
homme , l'homme incommode , le poltron & le complaisant.

Le coquin est un homme à qui les
choses les plus honteuses ne coûtent rien

à dire ou à faire, qui fait de faux ser-
ments tant qu'on veut, qui est un chicaneur de profession, qui se mêle de toutes sortes d'affaires, que l'on outrage
impunément, en un mot, qui est perdu
de réputation.

On appelle impudent un homme qui
ne rougit de rien, & qui se fait gloire de
se mettre au-dessus de ce qu'il y a de plus
honteux & de plus contraire à la bien-
séance.

La sotte envie de discourir, sans prendre garde si ce qu'on dit peut offenser
ou non quelqu'un, c'est ce qui forme
l'impertinent. Et le grand parleur est
un homme qui a une intempérance de
langue qui ne lui permet pas de se taire,
de façon qu'il vous étourdit par son ba-
bil, sans cependant vous offenser.

Un caractere encore bien singulier,
c'est celui de l'esprit chagrin. Un homme
qui a cet esprit, n'est jamais content de
personne, & fait aux autres mille plain-
tes sans fondement. Un autre caractere
encore bien méprisable est le vilain
homme : il est extrêmemet mal-propre,
& d'une négligence qui va jusqu'à l'excès, & qui blesse ceux qui s'en apper-
çoivent.

C'est sans doute un mauvais voisin
qu'un homme de ce caractere ; mais il
n'égale point en incommodité celui que
l'on nomme l'homme incommode , lequel, sans faire grand tort à quelqu'un ,
l'embarrasse beaucoup.

Enfin les deux caracteres qui restent
à définir , sont le poltron & le complaisant. Le premier s'émeut à la vue d'un
péril vrai ou imaginaire : & le second ,
voulant plaire à tout le monde, cherche
moins ce qui est vertueux & honnête ,
que ce qui est agréable.

ARCÉSILAS.

ARCESILAS *.

CE Philosophe fut disciple de *Theophraste*, qu'il quitta pour s'attacher à *Crantor* qui avoit étudié sous *Xenocrate*, parcequ'il préféra l'étude de la Logique à celle de la Rhétorique qu'enseignoit sur-tout *Theophraste*. Ses progrès dans cette partie de la Philosophie furent si rapides, qu'il devint en peu de temps un des plus grands & même un des plus dangereux Dialecticiens qui aient paru dans l'antiquité. Il disputoit du pour & du contre, & soutenoit par des raisons également victorieuses, ou du moins specieuses, des propositions contradictoires.

Il se nommoit ARCESILAS : il naquit à Pitane, ville de l'Eolie, l'an trois cent huit avant J. C. ou la CXVI Olympiade. Son pere s'appelloit *Seuthus*, c'est tout ce que nous en savons : ainsi nous ignorons & la naissance & l'état de notre Philosophe. Il fut homme de

---

* *Diogene de Laërce*, Liv. IV. *Dictionnaire de Bayle*, art. *Arcesilas*. *Jac. Brucker. Hist. Philos.* Tom. I, &c. &c.

beaucoup de mérite, & voilà ce qui lui acquit l'estime de toutes les personnes éclairées, & qui a rendu son nom immortel.

Son goût pour les Sciences se développa dès l'âge de raison. Il apprit d'abord les Mathématiques d'*Autolycus*, son compatriote ; & comme le Mathématicien fit un voyage à Sardes, Arcesilas le suivit, afin de ne pas interrompre le cours de ses études.

De Sardes il vint à Athenes, où il fut disciple de *Xanthus*, Musicien célebre de ce temps-là ; mais il le quitta bientôt pour s'attacher à *Theophraste*. Quoiqu'il eût beaucoup d'esprit, il comprit qu'il n'étoit pas propre à ce genre d'étude, & il laissa ce dernier maître pour aller entendre les leçons de *Crantor*. *Theophraste* fut sensible à cette perte, & il témoigna son déplaisir, en disant : Quel jeune homme plein d'esprit & de savoir a quitté mon école ! Ce qui méritoit cet éloge à Arcesilas, c'étoit le talent qu'il avoit de s'énoncer gravement, de composer avec goût, & de faire assez bien des vers.

Il aimoit extrêmement la Poésie d'*Homere* : il en lisoit tous les soirs quelques pages avant que de s'endormir ; & d'abord qu'il étoit levé, il alloit reprendre ce livre chéri, en difant : *Je m'en vais voir ma maîtreffe*. Mais le goût qui dominoit en lui, ce fut celui de la Philofophie. Ce goût fe manifefta lorfqu'il eut étudié fucceffivement fous *Crantor*, fous *Polemon*, fous *Cratès*, fous *Diodore*, & fous *Pyrrhon*. Il apprit de *Crantor* à être perfuafif, de *Diodore* à être fophifte, & de *Pyrrhon* à connoître toutes les Sectes, & à n'être d'aucune.

Ce fut par-là qu'il fe diftingua : il n'admit ni les définitions ni les axiomes, fi néceffaires dans l'art de raifonner. Il renverfa tous les fondements des Sciences, & réduifit toutes chofes à l'incertitude. Il devint ainfi le perturbateur public du repos des Philofophes. Nos fens nous trompent toujours, difoit il ; notre raifon ne nous trompe pas moins, & d'ailleurs notre vie eft trop courte & trop agitée, pour efpérer d'acquérir aucune certitude.

Fondé fur ces principes, il forma une doctrine qu'il réfolut de profeffer. Il ne lui manquoit que l'occafion de la rendre publique : mais *Cratès* de Tria, Bourg d'Athenes, difciple & fucceffeur de *Po-*

Zénon, étant venu à mourir, ARCESI-
LAS se présenta pour le remplacer. Il
n'y avoit qu'un disciple de *Polemon*,
nommé *Socratide*, qui pût s'opposer à
son installation; mais il se désista de son
droit en sa faveur.

Notre Philosophe fut donc en état de
répandre sa doctrine; & il le fit avec
d'autant plus d'ardeur, qu'il regnoit
entre lui & *Zénon* beaucoup d'émula-
tion. Ils avoient été tous les deux Ecoliers de *Polemon*, & ils se piquoient de
se surpasser l'un & l'autre. Or *Zénon* étoit
dogmatique : il admettoit des définitions & des axiomes : voilà pourquoi
ARCESILAS prit le parti opposé.

On prétend qu'une autre raison le détermina à suivre ce parti. Il étoit une
Secte de Sophistes qui prenoit plaisir à
harceler les Philosophes par une foule
d'objections sur leurs principes : notre
Philosophe en fut accablé comme ses
confreres; & ne pouvant pas toujours
se débarrasser de leurs sophismes, il résolut de n'affirmer rien.

Il est possible, disoit-il, qu'un homme
n'affirme & ne nie rien sur les matieres
étrangeres, & c'est le devoir d'un homme sage. Et il faisoit cette demande à

Zenon : Qu'arrivera-t-il si le Sage ne peut rien connoître clairement, & s'il ne doit rien admettre qui ne soit clairement vrai ? A quoi *Zenon* répondit : Il comprendra clairement certaines choses, & ainsi il n'admettra rien d'obscur.

Mais, quel est le caractere des choses claires ? ARCESILAS soutenoit que la fausseté peut paroître sous la même idée que la vérité, & que par conséquent on ne sauroit distinguer le vrai du faux. *Zenon* convint qu'on ne pouvoit rien comprendre, si ce qui n'est pas pouvoit paroître sous la même forme que ce qui est & ce qui n'est point ; mais il nia la conformité d'idée entre ce qui est & ce qui n'est pas. Notre Philosophe au contraire insista sur cette conformité.

Ainsi il se tint dans la suspension de toutes choses ; il ne disputa que pour se convaincre que les raisons d'affirmer n'étoient pas meilleures que les raisons de nier, & il ne voulut point même avouer, comme *Socrate*, qu'il savoit qu'il ne savoit rien.

Il soutenoit avec ce grand homme qu'on ne peut rien savoir, & prétendoit avec *Zenon* qu'il ne faut croire que ce que l'on sait. Mais si l'on ne sait rien, ainsi que le veut ARCESILAS, que croira t on ? Il semble qu'il faudroit s'accorder avec soi-même, quand on veut raisonner; & lorsqu'on ne le peut pas, il vaudroit mieux se taire.

Bien loin de prendre ce parti, notre Philosophe s'arma contre tous les Philosophes, & forma une nouvelle Secte de Philosophie, qui consistoit à ne point philosopher. Il enseigna avec ardeur l'incompréhensibilité, ou la catalepsie, & vint enfin à bout de confondre toutes choses. Il nioit & affirmoit la même proposition, se jettoit aveuglément à droite & à gauche, se faisoit même gloire d'ignorer la différence du bien & du mal, débitoit la premiere fantaisie qui lui venoit dans l'esprit, & tout d'un coup il la renversoit par plus de raisons qu'il ne l'avoit établie : c'étoit une hydre qui se déchiroit elle-même.

C'est du moins ainsi que *Numenius* peint notre Philosophe (1), & ce tableau en donne une très mauvaise idée. Cependant cet Auteur convient pourtant qu'il étoit homme d'esprit, qu'il

---

(1) *Numenius apud Eusebium, Præpar. evang.* L. XIV. Voyez aussi *Bayle*, art. *Arcesilas*. N. E.

parloit

parloit avec grace , que les charmes de
fa figure fecondoient admirablement
ceux de fa voix. Il pouvoit ajouter qu'il
avoit des talents fupérieurs & beaucoup
de favoir.

Car , comme le remarque fort bien
Bayle , » l'entreprife de combattre tou-
» tes les Sciences & de rejetter non feu-
» lement le témoignage des fens , mais
» encore le témoignage de la raifon ,
» eft l'entreprife la plus hardie qu'on
» puiffe former dans la république des
» Lettres. Elle eft femblable à celle des
» Alexandres & des autres Conqué-
» rants qui ont voulu fubjuguer toutes
» les autres Nations : elle demande
» beaucoup d'efprit , beaucoup d'élo-
» quence , beaucoup de lecture , beau-
» coup de méditation. ARCESILAS étoit
» auffi propre qu'on pouvoit être à cette
» entreprife. La nature & l'art l'avoient
» armé de toutes pieces ».

Cela n'empêche pas que *Lactance* ne
le pouffe vigoureufement. Si vous prou-
vez que vous n'avez point de fcience ,
& qu'ainfi nous ne fommes pas Philofophes , vous ne l'êtes pas non plus , car
vous confeffez que vous ne favez rien.
Il fe coupoit donc la gorge avec le mê-

me poignard qu'il employoit à tuer les autres. Notre Philofophe étoit trop éclairé pour ne pas favoir cela : auffi *Sextus Empirius* prétend qu'il ne faifoit le Sceptique que pour éprouver fes Ecoliers ; & qu'après ces épreuves il enfeignoit une autre doctrine. Mais fi ce n'étoit là qu'une feinte, pourquoi fe fervoit-il de ces armes avec *Zenon* ? Il cherchoit donc à tromper les Philofophes, & cette conduite ne pouvoit que lui faire tort, parcequ'elle juftifioit le foupçon que l'on avoit qu'il doutoit de tout.

Cependant *Diogene de Laërce* nous affure qu'il blâmoit ceux qui négligeoient l'étude des Sciences dans l'âge où ils y font propres ; comment cela s'accorde-t-il avec fon fcepticifme ? Cet Hiftorien ajoute qu'il avoit coutume d'inférer ces mots dans fes difcours : *je le penfe* : *Arcefilas n'y confentira pas* ; c'eft une réticence qui caractérife un véritable doute. Enfin le même Hiftorien affure qu'il favoit s'accommoder aux circonftances: ce qui annonce un homme qui fe joue de la vérité, & qui reprend d'une main ce qu'il donne de l'autre.

Au refte ARCESILAS étoit un homme d'un fort bon caractere. Quoiqu'il fît souvent à ſes Ecoliers des réprimandes très dures, il avoit les qualités du cœur ſi excellentes, que tout le monde l'aimoit. Il étoit libéral, officieux, obligeant; & ce qui étoit encore plus eſtimable, il cachoit avec ſoin les ſervices qu'il avoit rendus.

Un jour, étant entré chez *Cteſibe*, qui étoit malade, & qui manquoit du néceſſaire, il gliſſa un ſac d'argent ſous ſon chevet. *Cteſibe*, l'ayant trouvé, dit: voilà un tour d'ARCÉSILAS. Dans une autre occaſion il prêta ſa vaiſſelle d'argent à un de ſes amis qui n'étoit pas riche, & ne la redemanda point: il ſuppoſa qu'il l'avoit donnée, & non pas prêtée. Il ſe plaiſoit auſſi à racheter ceux qui étoient en ſervitude, & cherchoit toutes les occaſions de rendre ſervice & de faire des charités.

A ces vertus ſe mêloient quelques vices qui en tempéroient l'éclat. Premiérement on l'a accuſé d'être vain, & de travailler avec trop d'empreſſement à plaire au Peuple. En ſecond lieu on lui a fait un crime d'aimer le luxe, d'être magnifique & voluptueux comme *Ariſtippe*. On le voyoit ſouvent dans des feſtins, & il ne cachoit pas ſes liaiſons

avec *Théodete* & *Philete*, les deux plus
célebres courtifannes d'Elée ; & lorfqu'on lui reprochoit ces foibleffes, il fe
juftifioit avec les fentences d'*Ariftippe*.
Il convenoit qu'il étoit naturellement
porté à l'amour ; mais il n'avoit pas les
inclinations vicieufes d'être corrupteur
de la jeuneffe, comme *Arifton* de Chio
le lui reproche.

C'eft un crime qu'on impute affez volontiers aux anciens Philofophes, que celui d'avoir eu des mignons. Quand on
parle d'un grand Philofophe & de fes difciples, on obferve prefque toujours
qu'il étoit l'amant d'un tel ou d'un tel.
Cela peut s'entendre en un vilain fens,
comme le remarque fort bien *Bayle* ;
mais il eft auffi cent autres occafions où
il ne faut entendre qu'une tendreffe
bonne & honnête. Parmi plufieurs difciples il y en avoit un qui étoit le bien-
aimé, le favori de fon maître, celui qui
étoit défigné pour fon fucceffeur ; mais
ce n'étoit point un mignon.

On lui reprocha encore de négliger
tous fes devoirs, & on prétendit qu'il
vivoit felon fes principes ; or fes principes tendoient à anéantir les devoirs de
la vie : car en affurant qu'il n'y a rien

de certain , & que tout eſt incompréhenſible , on convient qu'il eſt poſſible
qu'il n'y ait ni vices ni vertus. Mais
Cléanthe , diſciple de *Zenon* , prit le parti de notre Philoſophe, & ſoutint devant
lui-même que s'il renverſoit les devoirs
par ſes paroles , il les établiſſoit par ſes
actions. ARCESILAS lui répondit qu'il
n'aimoit point à être flatté. Eſt-ce vous
flatter, répliqua *Cléanthe*, que d'avancer
que vous dites une choſe & que vous en
faites une autre ? *Bayle* obſerve fort à
propos qu'il y a beaucoup d'eſprit dans
cette repartie , & il a raiſon : il y manque pourtant un peu de juſteſſe. Les actions d'ARCESILAS n'étoient point abſolument ſans reproche , comme on vient
de le voir.

Auſſi les Philoſophes trouvoient beaucoup à reprendre ſur ſa conduite , mais
ils ne l'égaloient point en modeſtie. Bien
loin d'être jaloux du mérite d'autrui ,
il exhortoit ſes diſciples à fréquenter les
écoles des autres Profeſſeurs. Un jeune
homme ayant témoigné qu'il préféroit
l'école d'un Péripatéticien à la ſienne ,
notre Philoſophe le prit par la main , le
conduiſit à cette école , le recommanda
au Profeſſeur & l'exhorta à être docile.

Une autrefois il bannit de son école un de ses disciples qui avoit offensé *Cleanthe* dans un vers de Comédie, & ne lui rendit ses bonnes graces que quand la personne offensée eut reçu satisfaction.

Il avoit encore le mérite de se faire honneur des pensées des autres, & d'avouer publiquement qu'il n'enseignoit rien qu'il n'eût trouvé dans les livres. Cet aveu ne pouvoit être sincere; mais il le croyoit nécessaire afin de donner plus d'autorité à ses sentiments, & pour appaiser la haine que le nom d'innovateur lui attiroit. Outre sa maniere nouvelle d'argumenter, & son systême de scepticisme, il avoit encore une idée singuliere, qui lui auroit mérité ce titre, s'il ne l'eût pas déja acquis.

Il croyoit que les Dieux échangent continuellement les ames des hommes, en les faisant passer d'un corps à un autre, & il expliquoit par-là les oppositions & les contradictions que nous éprouvons en nous-mêmes. Cela vient de ce que notre ame n'est plus dans son corps véritable, l'ame & le corps n'étant point alors d'intelligence.

L'Auteur de l'Histoire critique de la Philosophie rapporte d'après *Philostrate*

un trait hiſtorique pour prouver ce ſin-
gulier ſyſtême. Il dit que *Palamede* fut
un jour ſurpris en s'éveillant de ſe trouver dans un corps peu flexible, & peu
accoutumé à ſe gouverner ſelon les regles de la Philoſophie ; il s'apperçut bien,
dit cet Auteur, qu'il en avoit changé
pendant ſon ſommeil. Mais eſt-ce là une
preuve qu'il eût changé de corps pendant ſon ſommeil ? Et n'y avoit-il pas
moyen de reconnoître autrement ſi le
corps qu'il avoit à ſon réveil n'étoit pas
le même que celui qu'il avoit avant que
de s'endormir ?

Une penſée plus ingénieuſe, & auſſi
nouvelle que cette idée, c'eſt celle qu'il
avoit ſur la mort. Il diſoit que de tous
les maux, c'eſt le ſeul dont la préſence
n'ait jamais incommodé perſonne, &
qui ne chagrine qu'en ſon abſence. Ce
n'eſt pas qu'il s'en inquiétât beaucoup
lui-même : il l'attendoit ſans la craindre,
& bravoit même les douleurs qui y con-
conduiſent ordinairement ; tellement
qu'étant un jour cruellement tourmenté
par les douleurs de la goutte, il conſola
Carneade qui s'affligeoit de le voir ſouffrir, en lui diſant : *Rien n'eſt paſſé de là*
ici. Il montroit ſes pieds & ſa poitrine.

K 4

Abſolument dévoué à l'étude de la Philoſophie , il ne voulut jamais ſe mêler des affaires politiques , & eut toujours beaucoup d'éloignement pour les charges de l'Etat. Cependant il ne put ſe diſpenſer d'aller en ambaſſade auprès du Roi *Antigonus* ; mais il ne réuſſit point. Cela devoit être ; car de tous les Philoſophes , ARCESILAS étoit le ſeul qui avoit refuſé de faire la cour à ce Prince , d'entrer dans ſon palais , & de lui écrire des lettres de conſolation après la perte d'une bataille navale. *Antigonus* n'avoit pas vu cela de bon œil , & il ne manqua pas de lui marquer ſon reſſentiment , en faiſant échouer ſa négociation.

Ce n'eſt pas que notre Philoſophe dédaignât l'amitié des Princes & des Grands , car il avoit beaucoup de part à celle du Gouverneur du Pirée , & reçut de beaux préſents d'*Eumenes* , Roi de Pergame ; mais c'étoit à cauſe de leurs qualités perſonnelles , & non par rapport à leur dignité. Il y a dans cette maniere de penſer l'air de grandeur qui convient à un Philoſophe.

ARCESILAS l'avoit auſſi dans la ſociété. Il étoit hardi , ſentencieux & ſerré

dans ses discours, & savoit imposer à
ceux qui auroient pu s'oublier à son
égard. Un jeune homme parlant avec
trop de liberté : *N'y a-t-il personne*, dit
ARCESILAS, *qui réprime sa langue par la
punition qu'il mérite ?* Un autre, qui se
livroit à des plaisirs illicites, voulant
s'en excuser auprès de lui, lui demanda
s'il croyoit que parmi ceux qu'on pouvoit prendre, l'un fût plus grand que
l'autre. Il lui répondit : *Oui*, comme
*une certaine mesure qui est plus grande
qu'une qui l'est moins.*

Un nommé *Emon* qui avoit coutume
de se parer, & qui se croyoit beau malgré sa laideur, lui dit : Pensez - vous
qu'on ne pourroit pas plaire à quelque
sage ? *Pourquoi non*, répondit-il, *quand
même on seroit moins beau & moins orné
que vous n'êtes ?* Un débauché offensé de
sa gravité, lui ayant fait cette question :
Est-il permis de vous demander quelque
chose, ou faut il se taire ? il répondit :
*Femme, qu'as-tu de désagréable & d'étrange
à m'apprendre ?* Il fit taire un homme qui
parloit beaucoup & fort mal, en lui disant : *Les enfants des esclaves ne savent tenir que des discours obscenes*, &c.

Ces réponses ne sont point merveilleuses. *Diogene de Laërce* en rapporte d'autres qui ne valent pas mieux. Il paroît qu'Arcesilas n'avoit pas beaucoup de saillies dans l'esprit. La Logique étoit sa partie : c'est dommage qu'il ait abusé de sa sagacité, en voulant anéantir les principes des connoissances humaines. Au reste ce Philosophe reconnoissoit le doigt de Dieu dans l'ignorance de l'homme, & il louoit beaucoup un vers d'*Hesiode*, où il est dit que les Dieux tiennent l'esprit humain derriere le voile.

Il passa sa vie dans l'Académie, & il y termina ses jours à l'âge de soixante & quinze ans. Il mourut d'une fievre chaude, dont il fut attaqué pour avoir bu trop de vin. *Diogene de Laërce* dit que les Athéniens lui firent plus d'honneur qu'ils n'en avoient fait à personne ; mais il ne nous apprend pas ce que c'est que cet honneur qu'on lui rendit, & c'est comme s'il ne nous avoit rien appris.

Lacyde, né à Cyrene, succéda à Arcesilas dans l'Académie : il adopta aveuglément sa doctrine. Il n'étoit pas riche, & sa médiocrité l'obligeoit à user d'économie. Il ne se fioit point à ses valets, & fermoit avec soin l'endroit où il mettoit ses provisions : jamais il ne laiſſoit la clef à la porte de cet endroit ; mais, pour n'en être pas embarraſſé, il la poſoit dans un trou qu'il cachetoit, & il faiſoit après cela tomber ſon cachet en dedans par le trou de la ſerrure.

Ses domeſtiques découvrirent la ruſe. Ils eurent l'adreſſe de s'emparer de la clef, de la remettre où leur maître l'avoit miſe, & de cacheter le trou. Ils burent ainſi ſon vin & mangerent ſes proviſions, ſans crainte qu'on pût leur en faire un crime. *Lacyde* s'apperçut de la diminution de ſon vin & de ſes denrées. Ne ſachant à qui s'en prendre, il ſe ſouvint qu'Arcesilas avoit dit à l'Académie, que ni nos ſens ni notre raiſon ne comprennent rien, & il attribua le vuide de ſes bouteilles & de ſes paniers à cette incompréhenſibilité. Il ſe ſervit même de cette expérience domeſtique pour s'autoriſer à ſuſpendre ſon jugement en toutes choſes.

Un de ſes amis le déſabuſa. *Lacyde* gronda ſes domeſtiques : mais un Stoïcien leur apprit à répondre à leur maître, en lui oppoſant le dogme de l'incompréhenſibilité. Ils ajouterent à cela qu'il convenoit qu'il n'avoit ni opinions

K 6

ni mémoire ; & comme leur maître se tiroit mal de leurs raisonnements, ils continuerent à le piller. *Lacyde* vit de jour en jour disparoître ses meubles. Il cria au vol, & remplit tout le voisinage de ses clameurs : enfin il prit le parti de ne point sortir de chez lui, & de ne pas perdre ses effets de vue. C'étoit une gêne qui lui devint si insupportable, qu'il capitula avec ses valets ; & mettant le cœur sur les levres, il leur dit naïvement : Mes amis, ne philosophons plus ensemble, vivons en honnêtes gens, & sachez que nous disputons d'une maniere dans les écoles, & que nous nous comportons d'une autre dans les maisons.

Bayle suspecte ce trait historique : il a, selon lui, l'air d'une plaisanterie. Cependant *Diogene de Laërce* le rapporte dans la vie de *Lacyde*, & *Numenius* le donne pour vrai. Je ne sais si ces autorités ne doivent pas militer contre le sentiment de *Bayle* : c'est un problême qu'il faut laisser résoudre aux érudits.

En attendant, terminons ce précis historique de la vie de *Lacyde*. Il professoit dans un jardin qu'*Atalus*, Roi de Pergame, lui avoit donné. Ce Prince

qui l'estimoit beaucoup , l'invita à venir
à sa Cour ; mais il s'excusa de ne point
se rendre à cette invitation , en disant
que *le Sage devoit voir les Princes de loin.*
Il mourut d'une paralysie que lui donna
une débauche qu'il fit dans un repas , où
il but extraordinairement.

Ce Philosophe avoit le cœur excellent. A l'exemple d'ARCESILAS il faisoit du bien, sans se soucier qu'on le sût.
Plutarque dit qu'il sauva la vie à un
homme accusé de crime de lese majesté,
en cachant avec le pied un anneau qu'il
avoit laissé tomber , & qui étoit la con-
viction de son crime. J'ai rapporté dans
le discours préliminaire du premier volume de cette Histoire , son attachement
pour une oie qui le suivoit par-tout : j'y
renvoie le Lecteur.

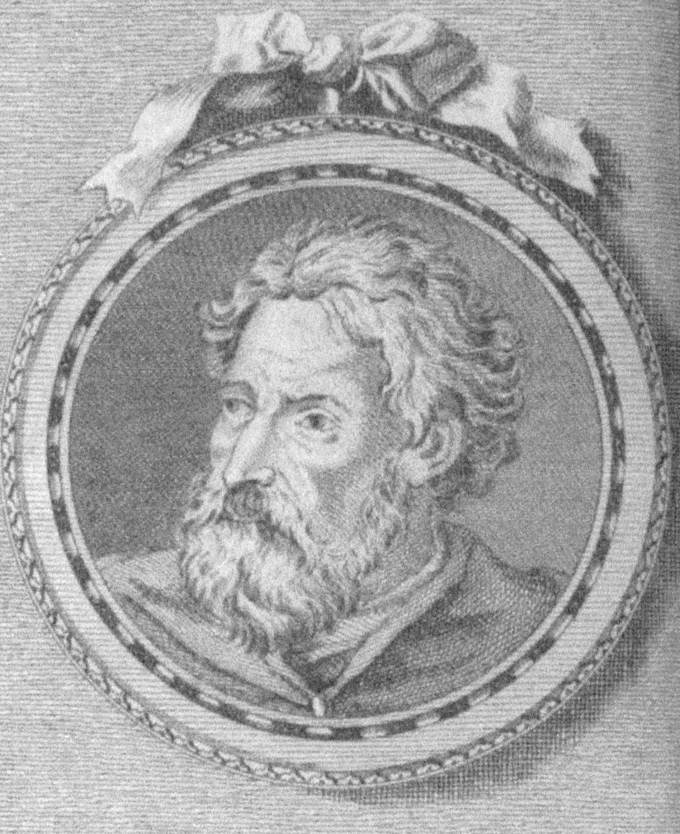

PYRRHON.

M.lle Cl. Reydellet del. Beyssent

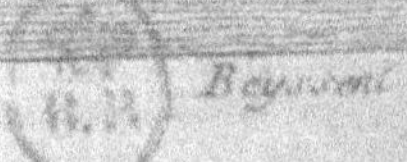

PYRRHON.*

Le scepticisme, ou le doute qu'établit *Arcesilas*, fut l'époque de la seconde Académie. Dans la premiere que *Platon* avoit fondée, on admettoit deux sortes de connoissances; celles qui viennent de l'entendement pur, & celles qui nous sont transmises par les sens; & en combinant les unes avec les autres, on vouloit découvrir les principes des sciences. Cette doctrine fut enseignée avec assez de succès par *Speusippe*, *Xenocrate* & *Platon* : mais *Arcesilas*, après l'avoir examinée avec plus d'humeur que d'attention, ne crut pas qu'elle pût jamais conduire à la connoissance de la vérité. Il soutint hardiment que l'homme ne pouvoit jamais parvenir à cette connoissance. Quelque révoltante que fût cette idée, elle eut néanmoins des partisans. Les ignorants & les gens bornés y trouverent leur compte, & formerent comme de raison un parti con-

---

* *Diogene de Laërce*, L. IX. *Dictionn. de Bayle*, art. Pyrrhon. *Jac. Brucker. Historia critica Philos.* Tom. I. &c. &c. &c.

fidérable ; mais ce parti n'auroit pas fub-
fifté , fi un homme de génie n'eût forti-
fié l'opinion d'*Arcefilas* par de nouvelles
preuves.

Cet homme s'appelloit P Y R R H O N.
Il naquit à Elide au Peloponnefe, vers la
cent dix-huitieme olympiade , ou trois
cents ans avant J. C. Son pere , plus recommandable par fa probité que par fa
naiffance , s'appelloit *Plifarque*. Il fit
apprendre le deffein à fon fils , qui y fit
des progrès affez confidérables pour
exercer avec fruit l'art de la Peinture :
fes tableaux le faifoient vivre. On prétend qu'ils étoient fort bien peints , &
qu'ils repréfentoient des torches. Il fe
dégoûta cependant de cette profeffion ,
& lui préféra l'étude de la Philofophie
pour laquelle il fe fentoit plus de goût.

Il étudia d'abord fous un nommé *Dri-
fon* , que *Diogene de Laërce* dit être fils
de -*Stilpon*. Il devint enfuite difciple
d'*Anaxarque*. C'étoit un Philofophe fin-
gulier , qui fe vantoit d'être fi ignorant ,
qu'il difoit qu'il ne favoit pas même qu'il
ne favoit rien. Cette penfée plut beaucoup à PYRRHON : elle lui gagna le
cœur d'*Anaxarque* , tellement qu'il le
fuivoit par-tout : il l'accompagna même

juſqu'aux Indes , ce qui lui donna occaſion de connoître les Gymnoſophites , & de converſer avec les Mages. On croit que c'eſt à la ſuite d'*Alexandre* le Grand qu'*Anaxarque* voyageoit. Ce qu'il y a de certain , c'eſt qu'il mangeoit ſouvent avec ce Prince. Un jour qu'il étoit à ſa table où ſe trouvoit *Nicocreon*, tyran de Syracuſe , *Alexandre* lui demanda ce qu'il lui ſembloit du feſtin. » Sire , répondit *Anaxarque* , tout y » eſt réglé avec magnificence ; il n'y » manque qu'une choſe , c'eſt la tête » d'un de vos Satrapes qu'il faudroit y » ſervir «. En prononçant ces paroles il jetta les yeux ſur *Nicocreon* , qui en fut irrité , & s'en ſouvint (1).

On croit que PYRRHON étoit alors avec *Anaxarque* , & qu'ils vinrent enſemble à Elide. C'eſt là qu'il commença

---

(1) Voici en effet la vengeance qu'il en tira , ſuivant *Diogene de Laërce.* Après la mort d'*Alexandre* le Grand , *Anaxarque* ayant abordé malgré lui en Chypre, par la route que les vents avoient fait prendre au vaiſſeau à bord duquel il étoit , *Nicocreon* le fit piler dans un mortier avec de gros marteaux de fer. *Anaxarque* ſupporta ce ſupplice avec une fermeté étonnante, & brava même la férocité du tyran, en l'apoſtrophant ainſi : Broie tant que tu voudras le ſac qui contient *Anaxarque* , ce ne ſera jamais lui que tu broieras. *Nicocreon*, choqué de ces paroles, ordonna qu'on lui coupât la langue ; mais *Anaxarque* ſe la coupa lui-même avec ſes dents , & la lui cracha au viſage.

à se dévouer absolument à l'étude & à l'exercice de la sagesse. Il se promenoit souvent, mais toujours seul, & il se montroit rarement aux personnes de sa maison. On le surprit un jour dans un moment qu'il parloit à lui-même ; on lui en demanda la raison, & il répondit : *Je médite sur les moyens de devenir homme de bien.*

Il faisoit de temps en temps de petits voyages sans rien dire à personne. Il ne changeoit jamais de contenance ; il parloit volontiers à ceux qui l'abordoient ; & s'il arrivoit qu'on le quittât pendant qu'il parloit encore, il ne laissoit pas d'achever son discours.

Il soutenoit que rien n'est honnête ou honteux, juste ou injuste ; que rien n'est tel qu'il le paroît ; que les hommes n'agissent comme ils font que par institution & par coutume, & qu'une chose n'est dans le fond pas plus celle-ci que celle-là. Sa maniere de vivre étoit, à ce qu'on prétend, assez conforme à ses maximes. Il alloit toujours son chemin, sans s'embarrasser de ce qui pouvoit se trouver sur son passage. Un Auteur nommé *Antigonus Caristius*, cité par *Diogene de Laërce*, assure que ni un charior

ni un précipice ne l'obligeoient pas à faire un pas de côté ou en arriere ; & que
ses amis qui le suivoient, lui sauverent
souvent la vie : mais *La Mothe le Vayer*
ne croit pas que PYRRHON ait été fou
jusqu'à ce point là , & il traite de fable
le récit d'*Antigonus*.

Il est cependant certain que notre
Philosophe regardoit toutes choses avec
indifférence : il n'aimoit rien , il ne se
fâchoit de rien , & méprisoit sur-tout la
nature humaine. On a des preuves non
équivoques de cette extrême indifférence.

Il rencontra un jour *Anaxarque* son
maître , qui s'étoit laissé tomber dans un
fossé , & il continua son chemin sans
daigner lui tendre la main. Mon maître ,
dit il en lui-même , est aussi bien là
qu'ailleurs. Cela n'empêcha pas qu'on
ne le blamât , car l'humanité demandoit qu'il donnât du secours à un inconnu : à plus forte raison le devoit-il à
son maître. Mais ce maître en savoit
plus que son disciple , car il le loua tout
haut de cet esprit d'indifférence qui n'aimoit rien , & s'applaudit d'avoir un tel
disciple.

Une autre preuve de son indifférence,

c'eſt ſa tranquillité d'eſprit, le calme de
ſon ame dans un grand péril de naufrage. Il fut le ſeul de tous ceux qui
étoient ſur le vaiſſeau à bord duquel
il étoit, qui ne s'étonna point d'une
grande tempête, laquelle mit le vaiſſeau à deux doigts de ſa perte. Comme
il les vit tous alarmés, il les pria avec
beaucoup de ſang froid de regarder un
pourceau qui étoit là, & qui mangeoit
à ſon ordinaire : *Voilà*, leur dit-il,
quelle doit être l'inſenſibilité du Sage.

Il regardoit la vie & la mort avec la
même indifférence ; & comme il exhortoit ſes diſciples à faire de même,
l'un d'eux lui dit : Pourquoi donc ne
mourez-vous pas ? *C'eſt préciſément*,
répondit-il, *parcequ'il m'eſt indifférent
de vivre ou de mourir.*

Mais ſon ſyſtême favori, celui qui a
rendu ſon nom immortel, c'eſt celui de
l'incompréhenſibilité. Il trouvoit par-
tout & des raiſons d'affirmer & des raiſons de nier : auſſi, après avoir examiné le pour & le contre d'une propoſition, il ne décidoit jamais rien, & ſe re-
tranchoit à cette déciſion : *Non liquet*,
c'eſt-à-dire, *Cela n'eſt pas clair.* Il faiſoit donc tous ſes effortspour connoître

la vérité ; mais il se ménageoit toujours des ressources pour nier qu'il l'eût trouvée.

Selon lui, il n'y a point de raison à laquelle on ne puisse opposer une raison contraire. Or, si les raisons des choses contraires sont équivalentes, il doit en résulter l'ignorance de la vérité : de là il concluoit qu'on ne doit se servir des raisons que pour un simple usage, parcequ'il n'est pas possible qu'une raison soit détruite par ce qui n'est point une raison.

Un des arguments dont il se servoit encore pour autoriser son scepticisme, c'est que nous ne voyons que les apparences des choses, & non la nature des choses, de sorte que nous ne pouvons pas affirmer ce qu'elles sont, mais ce qu'elles nous paroissent être. La raison, disoit-il, n'est qu'un simple souvenir des apparences, ou des choses que l'on conçoit imparfaitement. C'est par le souvenir qu'on compare les choses les unes aux autres, dont on fait un assemblage inutile, & qui ne sert qu'à troubler l'esprit.

Notre Philosophe savoit bien ce qu'on pouvoit répondre à ces raisonnements ;

mais il fermoit la bouche aux Dogmatistes, en niant toute démonstration, tout jugement ; & voici comment il raisonnoit.

Toute démonstration est formée ou de choses démontrées , ou d'autres qui ne le sont point. Si c'est de choses qui se démontrent , elles doivent donc être démontrées ; & celles dont on se servira pour cela , auront encore besoin de démonstration : ainsi à l'infini. Si au contraire la démonstration est formée de choses qui ne se démontrent point , tout le raisonnement cesse d'être démontré.

Il faut donc un caractere de vérité pour savoir que c'est une démonstration , & on a également besoin d'une démonstration pour connoître ce caractere de vérité : or , comme ces deux choses dépendent l'une de l'autre , elles sont un sujet qui nous oblige de suspendre notre jugement. Eh ! comment parviendra-t-on à la certitude des choses qui ne sont pas évidentes , si on ignore comment elles doivent se démontrer ?

Il y a plus : c'est qu'il n'y a point de vérité ; car ou ce caractere de vérité est une chose examinée , ou non. Si

c'est une chofe qu'on n'a pas examinée,
elle ne mérite aucune créance, & on ne
peut s'en fervir à difcerner le vrai & le
faux : fi c'eft une chofe dont on a fait
l'examen, elle doit être confidérée par
parties ; elle fera donc à la fois juge &
matiere de jugement. Ce qui fert à juger de ce caractere de vérité, devra être
jugé par un autre caractere de même nature ; celui ci encore par un autre , &
ainfi à l'infini.

D'ailleurs on n'eft point du tout d'a-
cord fur le caractere de vérité ; ni le
jugement, ni la raifon, ni les fens ne
peuvent en décider. L'homme ne s'ac-
corde ni avec lui-même ni avec fon femblable, témoin la différence des loix &
des mœurs. La raifon n'eft pas la même chez tous les hommes ; les idées
évidentes doivent être jugées par l'entendement, & l'entendement n'a point
de fentiment propre.

En effet les fens ne peuvent former
un caractere de vérité , puifqu'ils envi-
fagent les chofes fenfibles d'une maniere
égale. Il en eft de même de l'entendement par la même raifon. Mais fi l'on ne
peut juger ni par les fens ni par l'enten-

dement , comment difcernera-t-on la vérité ?

Pyrrhon & fes difciples fortifioient ce raifonnement par cet exemple. Une chofe , difoient-ils , vous paroit probable : fi vous le dites, vous n'avez rien à oppofer à celui qui ne la trouve pas telle ; car , comme vous êtes croyable en difant que vous voyez une chofe d'une certaine maniere , votre adverfaire eft auffi croyable que vous , en difant qu'il ne la voit pas de même. Que fi la chofe n'eft pas probable , vous ne devez pas croire celui qui la donne pour telle. Il eft certain qu'on ne doit croire que ce dont on eft perfuadé : or la perfuafion vient fouvent d'une caufe extérieure : elle eft fouvent produite ou par l'autorité de celui qui parle , ou par la maniere infinuante dont il s'exprime , ou par la confidération de ce qui eft agréable , jamais par la nature propre ou la vérité de la chofe.

Toute cette doctrine avoit pour but de fufpendre fon jugement fur toutes chofes ; & comme on s'en fervoit dans la morale , elle renverfoit les notions que nous avons du bien & du mal. En effet

effet elle n'admet ni l'un ni l'autre ; car
s'il y a quelque chofe qui foit naturellement bonne ou mauvaife, elle doit
être l'une ou l'autre pour tout le monde.
Or il n'y a aucun bien ni aucun mal qui
paroiffe tel à tous les hommes : donc il
n'y en a point qui foit tel naturellement.
Si ce qu'on appelle *bien*, n'eft pas un
bien général, il n'eft point un bien réel.
Epicure, par exemple, prétend que la
volupté eft un bien, & *Antifthene* veut
que ce foit un mal. La même chofe eft
donc un bien & un mal tout à la fois ;
ce qui ne fauroit être.

Ainfi parloient PYRRHON & fes difciples ; mais perfonne n'a pouffé plus
loin leur doctrine, que *Sextus Empiri-*
cus. Il a compofé un ouvrage intitulé
Pyrrhoniarum Hypothypofeon libri tres,
dans lequel il expofe dix raifons pour
fufpendre fon jugement, qu'il appelle
époques.

Premiere époque. Il eft de fait qu'il y
a une différence remarquable entre les
animaux, par rapport au plaifir & à la
douleur, & à ce qui eft utile ou nuifible.
Donc les mêmes objets ne produifent
pas les mêmes idées : différence qui en-
traine l'incertitude.

Tome III.   L

Seconde époque. Il est certain qu'il y a une différence sensible entre les hommes , selon les tempéraments. *Demophon* , maître d'hôtel d'*Alexandre* le Grand , avoit chaud à l'ombre & froid au soleil ; & ce devoit être le contraire : ainsi ce qui est utile ou agréable aux uns , est inutile & désagréable à un autre ; second sujet d'incertitude.

Troisieme époque. La différence des organes des sens produit un troisieme sujet d'incertitude. Une pomme paroît pâle à la vue , douce au goût , agréable à l'odorat. Le même objet vu dans un miroir , change selon que le miroir est disposé. Donc une chose n'est pas plus telle qu'elle paroit , qu'elle n'est telle autre.

Quatrieme époque. Les changements auxquels on est sujet par rapport à la santé , à la maladie , au sommeil , au réveil , à la joie , à la tristesse , à l'âge , & aux différentes circonstances physiques & morales , font paroître les choses selon qu'on est différemment disposé. On ne peut donc assurer dans aucun temps qu'une chose est telle que nous la voyons : nouvelle raison d'incertitude.

Cinquieme époque. On déduit un autre

ſujet d'incertitude de l'éducation, des loix, des opinions fabuleuſes, des conventions nationales, & des opinions des Philoſophes, parcequ'elles ſont les ſources d'où découlent les idées de l'honnêteté, de la honte, de l'injuſtice & de la juſtice, du vrai, du faux, &c. De ſorte que ce que les uns eſtiment juſte, les autres le trouvent injuſte. Ce qui paroit un bien à ceux-ci, eſt un mal pour ceux-là. Les Perſes, par exemple, croyoient permis le mariage d'un pere avec ſa fille ; les Grecs au contraire en avoient horreur.

Sixieme époque. Toutes les choſes ſont mêlées les unes avec les autres ; il n'en eſt aucune de ſimple à nos yeux. Et ſelon qu'une choſe eſt unie avec une autre, qu'elle eſt froide, chaude, dans un état d'évaporation, de fermentation, &c. elle nous paroît différente. Le jaune paroît blanc à la lumiere d'une chandelle ; le bleu, verd : le pourpre n'eſt pas le même à la clarté du ſoleil qu'à celle de la lune, &c. Autre ſujet par conſéquent de ſuſpendre ſon jugement ſur la vérité.

Septieme époque. Les choſes nous paroiſſent différentes ſuivant leur ſituation à notre égard. Celles qu'on croit grandes paroissent souvent petites , & *vice versâ.* Il arrive souvent qu'on juge quarrées des choses qui font rondes ; droites, celles qui font courbes ; planes , celles qui font relevées : c'est ainsi que le soleil nous paroît peu de chose à cause de son éloignement ; que les montagnes nous paroissent de loin comme des colonnes d'air ; qu'une tour quarrée nous paroît ronde , &c. Or , si nous ne pouvons examiner aucune chose sans avoir égard au lieu qu'elle occupe , nous ne pouvons donc en connoître la nature.

Huitieme époque. Un grand sujet d'incertitude c'est celui que donnent les diverses quantités , soit du froid ou du chaud , de la vitesse ou de la lenteur , &c. Le vin , par exemple , pris modérément fortifie ; bu avec excès il trouble le cerveau.

Neuvieme époque. Une chose paroît extraordinaire & rare , suivant qu'une autre est plus ou moins ordinaire. Les tremblements de terre ne surprennent point dans les lieux où l'on est accoutumé d'en sentir. Nous n'admirons point le soleil , parceque nous le voyons tous les jours. Nouvelle raison de suspendre son jugement,

Dixieme époque. Enfin le dernier fujet d'incertitude vient des relations que
les chofes ont fes unes avec les autres,
comme de ce qui eft léger avec ce qui eft
pefant, de ce qui eft fort avec ce qui eft
foible, de ce qui eft grand avec ce qui
eft petit, de ce qui eft haut avec ce qui
eft bas, &c.

Agrippa ajoute cinq époques à celles-
là : elles font fondées fur la difference
des fentiments, fur le progrès à l'infini
qu'il faut faire de l'une à l'autre, fur les
relations mutuelles, fur les fuppofitions
arbitraires, & fur le rapport de la preuve
avec la chofe prouvée. Depuis *Agrippa* on a découvert bien d'autres fujets
d'incertitude : mais cette doctrine fe
confond elle même ; car, fi elle étoit folide, dit *Bayle*, elle prouveroit qu'il eft
certain qu'il faut douter. Il y auroit
donc quelque certitude : on auroit donc
une regle fure de la vérité ; or cela ruine
le fyftême. Mais ne craignez - vous
point, ajoute *Bayle*, en s'adreffant aux
Pyrrhoniens, qu'on en vienne là ? Les
raifons de douter font elles mêmes dou-
teufes : il faut donc douter s'il faut douter. Quel chaos ! & quelle gêne pour
l'efprit !

Auſſi pluſieurs perſonnes éclairées penſent que le Pyrrhoniſme eſt l'extinction totale & de la foi & de la raiſon, parceque rien n'eſt plus difficile que de ramener ceux qui ont porté leur égarement juſqu'à cet excès. On peut inſtruire les plus ignorants, dit un Auteur eſtimé du dernier ſiecle ; on peut convaincre les plus entêtés ; on peut perſuader les plus incrédules : mais il eſt impoſſible de raiſonner avec un Pyrrhonien, parcequ'il ne reconnoît point d'évidence (1).

Cependant *Bayle* ne croit pas que la doctrine de PYRRHON ſoit ſi généralement dangereuſe qu'on le penſe. Elle ne peut l'être, ſelon lui, ni par rapport à la phyſique, ni par rapport à la politique : voici comment il le prouve. » Il importe peu que l'on diſe que l'eſ- » prit de l'homme eſt trop borné pour » rien découvrir dans les vérités natu- » relles, dans les cauſes qui produiſent » la chaleur, le froid, le flux de la » mer. Il nous doit ſuffire qu'on s'exerce » à chercher des hypotheſes probables, » & à recueillir des expériences ; & je

(1) *Traité de la Science*, par M. *De la Placette.*

» fuis fort affuré qu'il y a très peu de
» bons Phyficiens dans notre fiecle qui
» ne fe foient convaincus que la nature
» eft un abîme impénétrable, & que fes
» refforts ne font connus qu'à celui qui
» les a faits & qui les dirige : donc
» la vie civile n'a non plus rien à crain-
» dre de cet efprit-là; car les Sceptiques
» (ou Pyrrhoniens) ne nioient pas qu'il
» ne fallût fe conformer aux coutumes
» de fon pays, & pratiquer les devoirs
» de la morale , & prendre le parti en
» ces chofes-là fur des probabilités ,
» fans attendre la certitude. Ils pou-
» voient fufpendre leur jugement fur la
» queftion fi un tel devoir eft naturel-
» lement & abfolument légitime ; mais
» ils ne le fufpendoient pas fur la quef-
» tion s'il les falloit pratiquer en telles
» & telles rencontres.

» Il n'y a donc que la Religion qui ait
» à craindre le Pyrrhonifme ; elle doit
» être appuyée fur la certitude : fon
» but , fes effets , fes ufages tom-
» bent dès que la perfuafion de fes
» vérités eft effacée de l'ame. Mais d'ail-
» leurs on a fujet de fe tirer d'inquié-
» tude ; il n'y a jamais eu , & il n'y
» aura jamais qu'un petit nombre de

» gens qui foient capables d'être trom-
» pés par les raifons des Sceptiques.
» La grace de Dieu dans les Fideles, la
» force de l'éducation dans les autres
» hommes, &, fi vous voulez même,
» l'ignorance & le penchant naturel à
» décider, font un bouclier impénétra-
» ble aux traits des Pyrrhoniens « (1).

On réfute encore PYRRHON & fa doctrine par ce raifonnement : les mêmes
apparences n'excitent pas les mêmes
idées. Une tour, par exemple, peut
paroître ronde & quarrée : il faut pourtant dire ce qui en eft ; car fi on ne fe dé-
cide pas, on demeure fans agir ; & fi
on fe détermine pour l'un & pour l'autre, on ne donne pas aux apparences
une force égale. Les Pyrrhoniens ré-
pondent à cela qu'il y a diverfes apparences, & que c'eft pour cette raifon
qu'ils font profeffion de n'admettre que
ce qui paroît

Au refte la fin que notre Philofophe
vouloit qu'on fe proposât, c'étoit la
tranquillité d'efprit qui fuit la fufpenfion
de jugement : mais tout cela eft plus
captieux que folide ; car comment avoir

---

(1) *Dictionnaire de Bayle*, art. *Pyrrhon*, Note B.

la tranquillité d'esprit , si on n'admet aucune connoissance , si on est dans l'ignorance de toutes choses. Il abolissoit toute science en raisonnant ainsi. Autre sophisme : ou on enseigne ce qui est en tant qu'il est , ou ce qui n'est pas en tant qu'il n'est pas. Le premier document n'est point nécessaire , puisque chacun voit la nature des choses qui existent ; le second est inutile, vu que les choses qui n'existent point , n'acquierent rien de nouveau que l'on puisse enseigner & apprendre.

Avec ce sophisme PYRRHON renversoit les opinions de toutes les sectes philosophiques. Il n'admettoit aucun dogme , & se contentoit d'adopter les sentiments des autres sans rien définir. On ne peut pas douter que ce Philosophe n'enseignât cette doctrine ; mais il est bien extraordinaire qu'avec cette façon de penser , il fit dans sa patrie les fonctions de Grand Prêtre ; c'est du moins *Diogene de Laërce* qui nous l'assure. Si cela est , comment cette fonction pouvoit-elle se concilier avec son scepticisme ? Un homme qui ne croit rien , & qui fait profession de ne rien croire , peut-il être le Ministre d'une Religion ?

Une autre raiſon milite contre ce ſentiment de *Diogene*, que PYRRHON étoit
Grand Prêtre.

Il tenoit ménage avec ſa ſœur, & partageoit avec elle les plus petits ſoins domeſtiques. Il balayoit la maiſon, net-
toyoit les meubles comme la ſervante
du logis. Il portoit au marché des poulets, des cochons de lait à vendre, &
il n'en étoit pas honteux, parceque tout
lui étoit indifférent, comme on l'a déja
vu, & qu'il ne croyoit pas qu'une choſe
valût mieux qu'une autre. Cela peut-
être ; mais étoit-il décent qu'un Grand
Prêtre vendît en place publique des
poulets & des cochons ?

Peut-être qu'il n'avoit point cette
qualité quand il faiſoit toutes ces choſes :
il paroît cependant certain qu'il a toujours demeuré avec ſa ſœur, & qu'ils
ſont entrés enſemble dans les plus petits
détails du ménage. Il regna toujours
entre ſa ſœur & lui la meilleure intelligence, & il devoit ſans doute avoir la
plus grande part à cette union, puiſ-
qu'il ne ſe fâchoit de rien. Cependant
ſa Philoſopie ſe trouva un jour en défaut : il ſe mit en colere contre ſa ſœur,
parcequ'il avoit été contraint d'acheter
des choſes dont ſa ſœur avoit beſoin

pour offrir un facrifice : un ami, qui
avoit promis de les fournir, avoit manqué à fa parole. On lui repréfenta que
fon chagrin ne s'accordoit pas avec l'indolence dont il faifoit profeffion : *Pen-
fez-vous*, répondit-il, *que je veuille
mettre cette vertu en pratique pour une
femme ?*

Cette réponfe eft dure, & il devoit
le favoir lui-même, car il aimoit affez
les femmes pour les eftimer. *Bayle* l'excufe en interprétant fa penfée : il vouloit dire, felon lui, que toutes fortes de
fujets ne méritent pas l'exercice de fon
dogme, de ne fe fâcher de rien ; & je
trouve que l'excufe eft pire que l'offenfe.

J'aime mieux la réponfe qu'il fit à un
homme qui le railloit d'avoir pris la fuite
pour fe garantir des attaques d'un chien :
Il eft difficile, dit-il, *de dépouiller l'homme.* Cela eft vrai ; & il eft digne d'un
Philofophe d'en convenir, plutôt que
de pallier une foibleffe par une injure.
Ce qu'il ajouta à cette réponfe, lui fait
encore beaucoup d'honneur : *Il faut y
travailler* (à fe dépouiller de l'homme)
*de toutes fes forces, d'abord en réglant fes
actions ; & fi on ne peut réuffir par cette*

voie, on doit employer la raison contre tout ce qui révolte nos sens. C'est aussi ce qu'il pratiquoit dans toutes les circonstances.

On raconte qu'ayant eu un ulcere à la jambe, il souffrit des emplâtres corrosives, des remedes caustiques, & des incisions sans froncer le sourcil. Cette fermeté est sans doute une preuve de l'empire que sa raison avoit sur ses sens. C'étoit une vertu qui relevoit l'éclat de plusieurs autres dont il étoit doué, & qui lui avoient procuré une si grande estime de ses concitoyens, qu'à sa considération ils rendirent un décret, par lequel les Philosophes furent déclarés exemts de tout tribut. Il emporta en mourant le regret de tous les gens de bien : on ne sait point par quel accident il perdit la lumiere ; mais on est assuré qu'il avoit alors quatre vingt six ans. Il y a apparence que son ulcere & son grand âge le mirent au tombeau.

Il laissa plusieurs Disciples qui professerent sa doctrine ; les plus célebres d'entre eux sont *Euriloque*, *Philon* & *Timon* de Phlasie.

Euriloque ne s'est distingué que par son attachement à son maître, & par ses vivacités. Cette vivacité étoit si grande, que s'étant mis en colere contre son Cuisinier, il le poursuivit jusques dans la place publique avec la broche & les viandes qui y tenoient. Une autre fois s'étant embarrassé dans une dispute à Elis, il ôta son habit, le jetta sur le rivage, & se sauva à la nage à travers le fleuve Alphée. Il étoit au reste grand ennemi des Sophistes.

Philon évitoit le commerce des hommes, n'aimoit que la solitude; & quoiqu'il se piquât de raisonner, il ne s'embarrassoit point de la gloire qu'on peut acquérir en remportant la victoire dans les disputes.

A l'égard de *Timon* (1), c'étoit un

____

(1) Il ne faut pas confondre ce *Timon* avec *Timon* l'Athénien, surnommé le Misanthrope, à cause de la haine qu'il portoit au genre humain. Il disoit que les hommes sont plus fous que méchants; & comme il se croyoit sage, il les fuyoit. Il n'aimoit que le jeune *Alcibiade*; & quand on lui en demandoit la raison, il répondoit : c'est que je prévois que l'ambition de ce jeune homme causera la ruine des Athéniens. Il avoit un figuier auquel plusieurs citoyens s'étoient pendus. Comme il

homme subtil, qui écrivoit avec plaisir. Il excelloit sur-tout dans l'invention des contes propres à composer des fables pour les Poëtes , & des pieces pour le théâtre. Il étoit si occupé de son travail , que ni le bruit que faisoient ses domestiques , ni les aboiements de ses chiens n'étoient capables de l'en distraire. Il n'étoit cependant attaché à ses ouvrages que lorsqu'il les composoit : hors de là il les abandonnoit à leur bonne ou mauvaise fortune , tellement qu'il les trouvoit souvent déchirés ou demi-rongés par les souris.

Sa maxime favorite étoit de ne rien admirer. Il aimoit les jardins & la solitude ; & ce qu'il y a de singulier , c'est qu'il s'attachoit beaucoup de disciples , par cela même qu'il ne vou-

---

vouloit le couper , il avertit les Athéniens que si quelqu'un vouloit se pendre , il eût à se dépêcher. Ainsi cet homme singulier ne négligeoit aucune occasion de manifester son mépris pour les hommes. Il étoit né vers l'an quatre cent vingt avant l'ere chrétienne ; on ne sait point à quel âge il est mort. Il fut enterré dans un tombeau qu'il avoit creusé au bord de la mer, & on mit sur la pierre qui le couvroit , une épitaphe qu'il avoit composée lui-même , dans laquelle il faisoit des imprécations contre ceux qui la liroient.

loit point en avoir. Il étoit d'une si
heureuse complexion , qu'il n'avoit
aucun temps marqué pour prendre ses
repas. Aussi parvint-il jusqu'à l'âge de
quatre-vingt dix ans , sans avoir eu
aucune maladie , & il mourut par la
seule nécessité de mourir.

CARNÉADE.

CARNEADE*.

Il semble que les derniers Moralistes de la Grece avoient pris à tâche de n'étudier que pour ne rien savoir, de mettre toutes choses en problême, de nier l'évidence, & de détruire le temple de la Philosophie, que leurs prédécesseurs avoient élevé avec tant de soins & de dépenses d'esprit. On a vu ci-devant les opinions révoltantes d'*Arcesilas* & de *Pyrrhon* sur la connoissance de la vérité; & voici un autre Philosophe qui vient fortifier ces opinions par de nouveaux raisonnements.

Arcesilas nioit qu'il y eût des vérités. *Pyrrhon* convenoit qu'il pouvoit y en avoir; mais il soutenoit qu'il n'y avoit point de type, point de *criterium* de la vérité; & le Philosophe qui va nous occuper, enseigna qu'on ne peut rien comprendre, qu'il n'y a que des probabilités, que les vérités existent sans que

---

* *Diogene de Laërce*, Liv. III. *Ciceronis Opera*. *Dictionnaire de Bayle*, art. *Carneade*. *Jac. Brukeri Histor. crit. Philosop*. Tom. I. &c. &c.

nous puissions les discerner. Il vouloit encore que la vraisemblance seule nous déterminât à agir : enfin il prétendit qu'on ne devoit jamais opiner.

Pour établir cette doctrine, ce Philosophe se livra à l'étude la plus profonde & au recueillement le plus absolu ; & ses travaux furent si grands, qu'on les a comparés à ceux d'Hercule, mais d'Hercule vaincu ; car ce héros seroit venu plus aisément à bout, selon *Bayle*, de deux mille monstres, chacun aussi redoutable que l'hydre de Lerne, ou que le lion de Nemée, que le successeur de *Pyrrhon* n'auroit assujetti l'homme à ne point opiner ; ce qui étoit le but de son travail, comme on va le voir dans l'histoire de sa vie.

Selon la plus commune opinion, ce Philosophe naquit la cent cinquante-cinquieme olympiade, c'est à notre façon de compter cent quarante-quatre ans avant J. C. Son pere se nommoit *Epitome* ; il nomma son fils CARNEADE. On ne sait point quel étoit son état, ni comment il éleva cet enfant ; mais il est certain qu'il lui fit faire ses études, & que personne n'a montré plus d'ardeur & plus de disposition pour le travail que le

jeune CARNEADE. Ses progrès dans la
Philofophie furent fi rapides, que les
Profeſſeurs renvoyoient fouvent leurs
écoliers pour venir l'entendre. Il avoit
la voix forte; & comme il parloit avec
véhémence, il étourdiſſoit fes auditeurs. Le Principal de l'école où il étu-
dioit, le faiſoit avertir de temps en
temps de fe modérer; mais il prit fort
mal cet avis, & dit à celui qui le lui
donna: apprenez-moi donc à régler ma
voix. Réglez-vous, lui répondit fort
bien celui-ci, fur l'ouïe de ceux qui vous
écoutent.

Il y a apparence qu'il fe corrigea,
parceque c'étoit ici un défaut de l'âge;
mais il fut toute fa vie véhément dans
fes cenſures, & difputeur difficile. Il lut
d'abord avec beaucoup d'attention les
Ouvrages des Stoïciens, & fur-tout
ceux de *Chryſippe*; & peu fatisfait de
leur doctrine, il les réfuta. Cette victoire qu'il crut avoir remportée fur des
hommes de réputation, flatta fi fort fon
amour propre, qu'il fe crut déja un
grand Philoſophe. Comme il ne pouvoit
aſſez fe féliciter de fes fuccès, il recom-
mença le combat; & pour donner plus
de liberté à fon efprit, & de force à

son imagination, il prenoit une prise d'ellébore.

A ce secours étranger, CARNEADE joignit une application extraordinaire, & jusqu'ici inconnue. Il s'absorboit tellement dans ses méditations, qu'il négligeoit de couper ses ongles & de faire ses cheveux : il ne vouloit donner son temps qu'à l'étude. Non seulement il refusoit d'aller aux festins où on l'invitoit, il oublioit encore de manger à sa propre table, de sorte que sa servante étoit obligée de lui mettre les morceaux à la main, souvent à la bouche. Il ne prenoit pas toujours en bonne part ce service qu'elle lui rendoit, parceque cela lui faisoit perdre de vue des idées qu'il vouloit réunir : aussi cette domestique étoit quelquefois embarrassée, s'il valoit mieux l'interrompre, ou le laisser mourir de faim.

Armé ainsi de toutes pieces, soit par les forces qu'il donnoit à son esprit en prenant de l'ellébore, soit par les connoissances que son extrême & constante application lui avoit acquises, il songea à se faire chef d'une Secte qui pût lui faire un grand nom dans le monde. Après avoir examiné avec toute l'atten-

tion dont il étoit capable, les doctrines
ou syſtêmes des autres Philoſophes, il
n'en trouva pas de plus raiſonnable que
la doctrine de l'incompréhenſibilité
d'*Arceſilas*.

Il ſoutint donc qu'on ne pouvoit rien
comprendre, & qu'il n'y a rien de certain. Plus hardi même que ſon prédé-
ceſſeur, il enſeigna que s'il n'y a rien
de certain, & que nous ne puiſſions rien
comprendre, cette propoſition, *Il
n'y a rien de certain, nous ne pouvons
rien comprendre*, eſt elle même incer-
taine & incompréhenſible.

Il ne nioit point cependant, comme
Arceſilas, qu'il y eût des vérités; mais
il ſoutenoit que nous ne pouvions pas
les diſcerner certainement : il blâma
encore *Arceſilas* de ce qu'il n'avoit point
voulu admettre des choſes probables,
& il voulut que la vraiſemblance nous
déterminât à agir, pourvu qu'on ne
prononçât abſolument ſur rien.

Ainſi CARNEADE retenoit tout le fonds
de la doctrine d'*Arceſilas*; mais pour éviter d'être obligé de répondre aux objections qu'on avoit faites à ce Philoſophe,
& dont il craignoit d'être accablé, il établit des degrés de vraiſemblance, afin

que le Sage pût se déterminer à prendre
tel ou tel parti dans l'usage de la vie civile. Ce n'est pas qu'il en admît réellement ; mais , comme il ne se sentoit
point capable de réfuter cette objection,
que sa doctrine sans cette modification
réduisoit l'homme à l'inaction & au quié-
tisme le plus honteux , il se ménagea
cette ressource.

C'est ce qu'il avouoit à ses amis, auxquels il tenoit un langage différent de
celui de ses leçons. Sa doctrine publique & sa doctrine domestique ne s'ac-
cordoient donc point ensemble. En public il brouilloit tout pour étourdir les
Stoïciens , & avec ses amis il s'expliquoit clairement.

Ce qu'il y a de plus singulier dans son
système , est qu'il trouvât l'incertitude
dans les notions les plus évidentes, telles
que cet axiome : Les choses égales à une
troisieme sont égales entre elles (*Quæ
sunt æqualia uni tertio sunt æqualia inter
se*). Il combattit fortement cet axiome,
& il déploya à cette fin toutes les sub-
tilités de son esprit. On a écrit que personne n'avoit pu résoudre ses sophismes ;
& il est fâcheux sans doute qu'on ne
nous les ait pas transmis.

C'eût été une chose très piquante que de voir ce qu'on peut opposer à une notion commune qui est la plus claire qu'on connoisse. J'aimerois autant qu'on voulût prouver que deux & deux ne font pas quatre; & je ne crois pas que CARNEADE fût assez habile pour donner atteinte à cette vérité.

Mais ce Philosophe étoit très éloquent; & on sait que rien n'est plus dangereux que l'éloquence, lorsqu'on n'est pas de bonne foi. *Cicéron* dit que celle de CARNEADE étoit si forte, qu'il ne soutenoit jamais rien sans le prouver, & que jamais il n'attaquoit rien sans le detruire (1).

Et *Numenius*, après avoir comparé son éloquence à une riviere rapide qui entraîne tout ce qui se trouve à son passage, ajoute que notre Philosophe charmoit tellement ses auditeurs, qu'il les amenoit captifs à l'obéissance de ses sentiments, & que par force ou par adresse il subjuguoit les personnes mêmes qui avoient pris contre lui les plus grandes précautions. Aucun de ses adversaires

─────────────

(1) *Cicer. de Orat.* L. II.

ne pouvoit lui réſiſter ; il les réduiſoit tous au ſilence (1) : c'eſt ce qu'il fit dans ſon ambaſſade à Rome , où il déploya toutes les richeſſes de ſon éloquence. Voici quel fut le ſujet de cette ambaſſade.

Les Athéniens ayant pillé la ville d'Orope , furent condamnés par les Romains à une amende de cinq cents talents. Cette ſomme étoit très conſidérables ; & ce fut pour en obtenir la diminution , que ces Peuples envoyerent CARNEADE en ambaſſade à Rome , accompagné de deux Philoſophes , dont l'un ſe nommoit *Diogene* , & étoit Stoïcien , & l'autre , qui étoit Péripatéticien , s'appelloit *Critolaüs*.

Chacun d'eux harangua le Sénat , & s'attira des applaudiſſements ; mais notre Philoſope enleva tous les ſuffrages. Il ſurprit le Sénat par la chaleur de ſes diſcours , & obtint ce qu'il demandoit : c'étoit la réduction de l'amende de cinq cents talents à celle de cent. *Caton* le Cenſeur , effrayé de la force & de la rapidité de ſon éloquence , conſeilla de le renvoyer , crainte , dit-il , qu'il

------

(1) *Nummenius apud Euſebium.*

ne se rende maître de nos sentiments &
de nos pensées. Cet homme continuat-il, a été moins envoyé pour obtenir
quelque chose de nous par la voie de la
persuasion, que pour nous forcer à faire
tout ce qu'il voudroit.

Pendant le séjour que notre Philosophe fit à Rome, il harangua souvent le
Peuple, qui l'écoutoit avec des transports d'admiration. La jeunesse Romaine renonçoit aux plaisirs & à ses exercices pour l'entendre : elle le suivoit par
toute la ville, & elle étoit saisie de la
passion de philosopher comme d'un entousiasme, tant l'éloquence de CARNEADE étoit séduisante & persuasive.

Cela ne plut point à *Caton*. Il craignit qu'à l'avenir les jeunes gens n'aimassent mieux étudier que d'aller à la
guerre : ce n'étoit point là l'esprit des
Romains. *Caton* blâma donc hautement
le Sénat de son indolence à souffrir dans
Rome un homme qui avoit le talent de
persuader tout ce qu'il vouloit : un homme, dit-il, qui manie l'erreur comme la
vérité, qui vous prouve que le blanc est
noir, est un homme très dangereux dans
un pays étranger.

Ce qui révolta sur-tout ce Censeur, ce fut le discours que notre Philosophe fit sur la justice. Il prétendit qu'il n'y avoit point de justice, & qu'il ne pouvoit pas y en avoir ; & c'est ainsi qu'il le prouva.

S'il y avoit de la justice, elle seroit fondée ou sur le droit positif, ou sur le droit naturel : or elle n'est fondée ni sur le droit positif, qui varie selon les temps & les lieux, & que chaque nation accommode à ses intérêts & à son utilité ; ni sur le droit naturel, car ce droit n'est autre chose qu'un penchant que la nature a donné à toutes sortes d'animaux vers ce qui leur est utile, & l'on ne peut le régler selon ce penchant naturel sans commettre mille fraudes : il ne peut donc pas être le fondement de la justice. Donc il n'y a point de justice : c'étoit sa derniere conséquence.

CARNEADE fortifioit son raisonnement en faisant voir que la condition des hommes est telle, que s'ils veulent être justes, ils agissent imprudemment & sottement ; & s'ils agissent imprudemment, ils sont injustes. Concluons donc, disoit CARNEADE, qu'il n'y a point de

juſtice ; car une vertu qui eſt inſépara-
ble de la ſottiſe , ne peut paſſer pour
juſte (1).

En diſant ceci , notre Philoſophe ne
laiſſoit pas que de ſe conduire ſelon la
juſtice : il parloit d'une façon & agiſ-
ſoit d'une autre ; mais cela ne réſolvoit
point le problême. Aucun Philoſophe
de ce temps ne put en venir à bout ;
& *Ciceron* eſt le premier qui a eſſayé
d'en donner une ſolution.

Dans un ouvrage qu'il a compoſé ſur
les loix , ſous le titre *De legibus* , il poſe

---

(1) *Lactance* , L. V. C. XIV. *Voyez* auſſi *Bayle* , art.
Carneade. Note F. *Lactance* prétend qu'en combattant la
juſtice , notre Philoſophe avoit donné pour preuve, que
les Romains ſeroient obligés de retourner dans des cabanes,
s'ils vouloient agir juſtement , c'eſt-à-dire , s'ils vou'oient
reſtituer les biens dont ils s'étoient emparés. Si cela eſt ,
Caton avoit raiſon de demander qu'on renvoyât CAR-
NEADE chez lui. Mais *Pline* donne une autre raiſon de la colere du Cenſeur de Rome contre l'Ambaſſadeur d'Athenes :
c'eſt qu'il haïſſoit la Philoſophie & les Philoſophes , tellement qu'il diſoit que *Socrate* n'avoit été qu'un diſcoureur
& un ſéditieux. Et pour empêcher que ſon fils ne lût les
Ouvrages des Savants de la Grece , il groſſiſſoit ſa voix
plus que ſon âge ne pouvoit le permettre , comme ſi par
inſpiration divine il eût voulu prononcer quelques prophé-
ties , & lui diſoit : Mon fils , toutes les fois que les Romains s'adonneront aux Lettres , ils perdront & gâteront
tout. Cela n'eſt cependant pas arrivé comme le penſoit *Ca-*
ton ; car jamais Rome n'a été ſi floriſſante que quand les
Lettres & les Sciences y ont été eſtimées & cultivées : c'eſt
une juſte remarque de *Pline.* Voyez *Hiſt. Nat.* L. XXIX.
Cap. I.

pour principe qu'il y a un droit naturel ; c'est-à-dire, des actions qui font juftes de leur nature, & qu'on eft obligé de faire, non pas parcequ'elles font prefcrites par les loix du pays dans lequel on vit, mais à caufe de la juftice & de la droiture qui les accompagnent, indépendamment de l'inftitution des hommes.

Mais cette réponfe à l'argument de CARNEADE eft une pétition de principe. Le Philofophe d'Athenes dit que le droit naturel eft un penchant de la nature, qu'on ne peut régler fans commettre mille fraudes ; & l'Orateur Romain foutient que ce droit eft une action que la juftice & la droiture accompagnent toujours. Cela eft avancé gratuitement ; un difciple de CARNEADE peut fort bien le nier, & alors tout le raifonnement de *Ciceron* refte fans force. Auffi ce favant homme craignoit les *Carnéadiens*, s'il eft permis d'ufer de ce terme, & il ne propofoit fon principe qu'aux Philofophes qui n'étoient point de cette Secte.

Depuis notre Philofophe, on a répondu à fon argument, en définiffant feulement le droit naturel qu'il avoit

mal défini. Ce droit n'est point du tout
un penchant, comme il l'a dit, c'est le
droit que chaque particulier a de con-
ferver fa vie, fon honneur & fes biens :
c'est ce témoignage de la raifon qui nous
fait connoître que telle ou telle action
est conforme à la nature : or la nature
nous oblige à veiller à notre confervation.

Tout ce qui tend à cette confervation
est une chofe jufte, parcequ'elle émane
du droit naturel ; or les fervices que
peuvent nous rendre les perfonnes avec
lefquelles on vit en fociété, font néceffaires à notre confervation : donc il
est jufte qu'on rende à ces perfonnes les
fervices qu'on en attend, ou qu'on en a
reçus ; & au contraire il est *injufte* de
refufer fes fervices, parcequ'on fe met
dans le cas de fe priver des fecours qui
font néceffaires à notre confervation.
Ainfi, en commettant une fraude, on
commet une injuftice, parceque celui
que vous avez fraudé peut ufer de re-
préfailles, & nuire par là à votre confervation, fur laquelle est fondé le véritable droit naturel, qui fe réduit à ce
principe : Ne faites point à autrui ce que
vous ne voudriez pas qui vous fût fait,

M 3

Alteri ne feceris quod tibi fieri non vis (1).

Après avoir sapé les loix par les fondements, CARNEADE attaqua la Religion. Il s'adreſſa aux Stoïciens qu'il ne croyoit pas grands raiſonneurs, & les réduiſit à l'abſurde. C'eſt du moins *Ciceron* qui nous l'aſſure. Il leur prouva qu'il n'y avoit point de Dieux, par un argument qu'on a pu trouver beau dans le temps, mais qu'on jugeroit pitoyable aujourd'hui.

Il raiſonna mieux lorſqu'il attaqua les oracles d'Apollon. Cette Divinité, diſoit-il, ne peut prédire les choſes futures, à moins qu'elles ne dépendent d'une cauſe néceſſaire : or elle ne peut avoir connoiſſance des événements contingents. Exemple. Il n'eſt pas poſſible qu'Apollon ait pu connoître les événements du parricide d'Œdipe ; car il n'y a point de cauſe qui ait déterminé cet homme à tuer ſon pere : Apollon n'a donc pu prévoir qu'il le tueroit ; car l'avenir ne peut être ſu, que quand on connoît les cauſes efficientes d'une action.

Oui, pourroit-on répondre à CAR-

---

(1) Voyez dans le ſecond Volume de l'*Hiſtoire des Philoſophes modernes*, l'hiſtoire de *Grotius*, & celles de *Cumberland*, *Wollaſton* & *Puffendorf*.

NEADE, ſuivant les lumieres naturelles :
mais celles d'un Dieu, qui ſont ſurna-
turelles, ont-elles beſoin de ces conditions ? Et d'ailleurs ne doit-il pas voir
les premieres cauſes qui conduiront néceſſairement un homme à faire un mauvais uſage de ſa liberté, en faiſant une
mauvaiſe action ? Mais ceci entre dans
la prédeſtination ; matiere fort au-deſſus de l'intelligence de notre Philoſophe.

Non content de refuſer à Apollon la
faculté de prédire l'avenir, CARNEADE
ne vouloit point encore qu'il pût connoître le paſſé, à moins qu'il ne reſtât
des ſignes qui puſſent ſervir à ce Dieu
de traces pour remonter au temps de
l'événement. Il ſemble que ce Philoſophe faiſoit toujours agir Apollon comme
un homme, & qu'il ne lui donnoit pas
plus de capacité.

Cependant *Bayle* a cherché à inter-
préter favorablement ſa penſée. Selon
lui, CARNEADE vouloit dire » qu'il n'y
» avoit point d'autre trace qui pût ſer-
» vir à cela, que l'enchaînement des
» cauſes naturelles qui agiſſent ſans au-
» cun uſage de la liberté ; & qu'ainſi
» les actes du franc arbitre de l'homme,
» rompant cette chaîne, empêchoient

» les Dieux de porter leurs vues juf-
» ques aux fiecles paffés, lorfqu'il ne
» reftoit aucun monument fenfible des
» événements «.

En écrivant fur cette matiere, le Philofophe *Chryfippe* avoit éludé la difficulté fur la poffibilité aux Dieux de prévoir l'avenir. Il étoit queftion de favoir
fi un homme prédeftiné à mourir, mour-
roit, foit qu'il employât des remedes,
foit qu'il n'en fît point d'ufage. *Chryfippe*
difoit qu'on ne pouvoit point décider
cela, attendu la complication des événements prédeftinés, comme que cet
homme fe fervira d'un Médecin, &
guérira : ainfi les remedes font une an-
nexe de la fatalité de la guérifon.

CARNEADE ne fut pas content de
cette explication. Il prétendit qu'elle
anéantiffoit la liberté. Si vous joignez,
difoit-il, dans les arrêts des deftinées les
caufes avec les effets, tout fe fera par
néceffité, & rien ne fera en notre puiffance : chaque chofe dépendra d'une
caufe antérieure, & toutes feront en-
chaînées enfemble.

» Vous voyez, dit fort bien *Bayle*
à ce fujet, vous voyez que les difpu-
» tes des Auguftiniens avec les Jéfuites

» & avec les Remontrants sur les suites
» de la prédestination , avoient lieu
» parmi les anciens Philosophes. Vous
» voyez que CARNEADE a fourni la
» tablature aux Théologiens prédesti-
» nateurs , pour objecter à leurs adver-
» saires que Dieu ne prévoiroit point
» l'avenir , s'il dépendoit d'une cause
» indifférente «.

Aussi ce savant critique prétend que rien n'est plus orthodoxe, & même plus chrétien , que le dogme fondamental de sa morale. Ce dogme est de faire du bien à son ennemi sans la vue d'aucune récompense : c'est *Ciceron* qui nous l'apprend. Il dit que CARNEADE enseignoit que si un ennemi, ou une autre personne , à la mort de laquelle on s'intéresse , venoit à s'asseoir sur l'herbe sous laquelle il y auroit un aspic caché , il faudroit l'en avertir , quand même on ne pourroit être repris d'avoir gardé le silence en cette occasion (1).

Cela est fort beau ; mais notre Phi-

---

(1) *Cicero, de finibus.* L. II. Voyez aussi la *Dissertation sur la Philosophie des Académiciens.* L. I, par M. *Foucher.*

lofophe gâte un peu fa morale , lorfqu'il parle du fouverain bien. En effet , il prétend que la derniere fin de l'homme eft de jouir des biens naturels. La féïicité de l'homme, difoit-il, fe borne à jouir des biens naturels. Et les biens honnêtes? CARNEADE n'en parloit pas. Auffi eut-il une conteftation à ce fujet avec les Stoïciens & les Péripatéticiens.

Ciceron qui eft toujours mon guide dans l'expofition de la doctrine de notre Philofophe , a écrit qu'il les pouffa à bout fur cette matiere ; car il leur prouva que leurs controverfes du fouverain bien n'étoient qu'une difpute de mots. Il faifoit voir aux uns , dit-il , que ce qu'ils appelloient biens , & que ce que les Péripatéticiens nommoient commodités , ne méritoient pas notre attention.

Il eft fâcheux que *Ciceron* n'ait pas expofé plus en détail le fujet de la controverfe entre notre Philofophe , les Stoïciens & les Péripatéticiens, car on ne conçoit pas en quoi elle pouvoit confifter. Il femble que la doctrine des Stoïciens & des Péripatéticiens rempliffoit tous nos defirs. Ils s'expliquent à cet égard affez clairement pour fatisfaire à tout ,

comme on le peut voir dans l'histoire
de *Zenon* & dans celle d'*Aristote* (1).
Peut être est-ce ici une opinion particuliere aux Stoïciens, qu'on ne nous a
point conservée dans leur histoire.

Ce qui peut confirmer cette conjecture, c'est la victoire que CARNEADE
remporta, à ce qu'on prétend, sur les
Stoïciens, pour avoir dit que la bonne
renommée, sans l'utilité, ne méritoit
point que l'on fît un pas.

Premierement, cette expression n'est
pas claire; car la bonne renommée ne
va point sans utilité, puisqu'elle procure l'estime des hommes, qui est un
avantage réel. Il est vrai que les Stoïciens ont dit que la gloire ou la renommée, de même que la vie, la santé, les
richesses, n'étoit ni un bien ni un mal,
parcequ'ils ne donnoient le nom de bien
qu'à la vertu : mais ils convenoient
qu'elle étoit approuvable, c'est-à-dire,
qu'elle devoit être recherchée; car il
n'y a point eu de Philosophe qui ait encore soutenu qu'il ne falloit pas faire un

---

(1) Voyez la vie d'*Aristote* dans la suite de cette
Histoire des Philosophes anciens.

pas pour avoir la santé : on a plutôt de-
firé la mort que la maladie.

Au refte toutes ces controverfes de
CARNEADE, ainfi que ces fyftêmes phi-
lofophiques, ne nous ont été tranfmis
que par fes difciples ; car ce Philofophe
n'a point écrit, ou s'il l'a fait, fes ouvrages ne font pas parvenus jufqu'à
nous ; ce qui revient au même. Le feul
écrit dont on faffe mention, avoit pour
objet cette thefe : Un homme fage doit
s'affliger de la prife de fa patrie. *Ciceron*
dit que *Clitomaque*, l'un des difciples de
notre Philofophe, l'inféra dans l'ouvrage fur la confolation, qu'il adreffa
aux Carthaginois fes compatriotes (1).
Mais il ne nous apprend point fi ce livre exiftoit de fon temps, & comment
il étoit intitulé. *Diogene de Laërce* a
écrit que *Clitomaque* a compofé plus de
quatre cents volumes : c'eft tout ce que
nous favons de fes productions.

Ce Philofophe a été fort attaché à
fon maître, dont il commenta les penfées. CARNEADE en eut un autre qu'il
aimoit beaucoup, qu'il avoit défigné
pour lui fuccéder à l'Académie, &

---

(1) *Cicer. Tufcul. Lib. III.*

avec lequel il rompit, parcequ'il le trouva couché avec sa maitresse ou sa concubine. On prétend que cette concubine
étoit sa servante, cette même femme
qui étoit obligée de lui mettre le morceau à la bouche afin qu'il prît quelque
nourriture. Il y apparence qu'elle n'a-
voit pas tant de peine à l'engager à coucher avec elle, que pour le faire manger, puisque notre Philosophe trouva
très mauvais qu'elle fît part de ses fa-
veurs à un autre, & que cet autre qui
étoit son disciple, & qui s'appelloit
Mentor, profitât de cette complaisance.

CARNEADE ayant pris les deux amants
sur le fait, ne s'avisa point de disputer
sur la probabilité ni sur l'incompréhensibilité : il s'en rapporta au témoignage
de ses yeux, & comprit bien que sa concubine & *Mentor* lui étoient infideles.
On ne sait point s'il garda encore cette
femme ; mais il rompit avec son disciple,
qui le paya d'ingratitude. Il devint son
antagoniste, & n'oublia rien pour rui-
ner les doctrines de son maître.

Bayle fait à ce sujet quelques réflexions qui méritent d'être transcrites, parcequ'elles peuvent avoir leur utilité :
» Cette action de *Mentor*, dit-il, est inà-

» que:c'étoit le premier disciple de CAR-
» NEADE. Il avoit un accès libre chez
» lui comme l'enfant de la maison ; &
» il abusa de ce privilege pour débau-
» cher la concubine de ce Philosophe.
» On ne peut assez déplorer les déré-
» glements de l'amour ; c'est une pas-
» sion brutale qui étouffe tous les sen-
« timents de la gratitude & de la géné-
» rosité : vous voyez des gens qui pour
» rien du monde ne déroberoient à
» leur ami la valeur d'un sol : ils senti-
» roient des remords insupportables,s'ils
» pouvoient se reprocher de l'avoir
» trahi en la moindre chose : la plus
» belle générosité se conserve dans leur
» ame à tout autre égard ; mais ils ne
» font nul scrupule de lui débaucher sa
» femme ou sa fille. Il n'y a point d'ami-
» tié qui tienne contre le démon de l'im-
» pureté : tout lui paroît de bonne pri-
» se : *Non hospes ab hospite tutus.* Les
» droits de l'hospitalité, si sacrés , si in-
» violables , ne l'arrêtent point : il y
» trouve au contraire ses préparatifs &
» l'avancement de ses affaires (1) «.
Cependant CARNEADE touchoit à la

____

(1) Bayle : *ubi suprà.* N. M.

fin de sa carriere : il étoit parvenu à
l'âge de quatre-vingt-cinq ans , & avoit
toujours joui d'une parfaite santé. Les
années seules causoient son mal ; il sentoit qu'il falloit finir, & voyoit cela avec
peine. Il auroit bien voulu s'épargner
le spectacle de son dépérissement ; mais
il n'en avoit pas le courage. Il répétoit
souvent que la nature dissoudroit bien
ce qu'elle avoit uni : il fut pourtant tenté
une fois de lui en éviter les frais.

Un Philosophe de la Secte des Stoïciens, nommé *Antipater* , s'empoisonna.
Il avoit été son adversaire : il avoit voulu le combattre , mais il n'avoit jamais
osé paroître devant lui. Lorsqu'il le
voyoit , il se taisoit ; il l'attaquoit seulement de loin & en cachette, par quelques écrits qu'il composoit. Cette homme pusillanime eut pourtant la force de
prévenir les apprêts de sa mort , en prenant du poison. On le dit à notre Philosophe , & il s'écria sur le champ : Qu'on
m'en donne aussi. Eh ! quoi, lui deman-
da-t-on ? Du vin doux , répondit-il.

Diogene de Laërce le raille de cette pu-
sillanimité dans l'épitaphe qu'il lui a faite , & lui reproche d'avoir mieux aimé
souffrir les langueurs de l'esprit, que de

ſe donner la mort. Cet Hiſtorien rapporte un trait de la fin de ſes jours, qui
n’eſt point clairement énoncé.

Il dit » que ſes yeux s’obſcurciſſoient
» quelquefois ſans qu’il s’en apperçût,
» de ſorte qu’il avoit dit à ſon domeſti-
» que que quand cela lui arriveroit, il
» lui apportât de la lumiere ; & lorſ-
» qu’il étoit averti qu’il y en avoit, il di-
» ſoit à ſon domeſtique de lire « (1). On
ne conçoit pas premierement comment
les yeux s’obſcurciſſent ſans qu’on s’en
apperçoive: eſt-ce que la diminution de
la clarté ne ſuffit pas pour en juger ?
En ſecond lieu, ſi cet accident lui arrivoit pendant le jour, pourquoi ordon-
noit-il à ſon domeſtique d’apporter de
la lumiere pour lire ? Eſt-ce que celle
du ſoleil n’étoit pas ſuffiſante pour l’é-
clairer ?

Le même Hiſtorien a écrit que lorſqu’il mourut, il y eut une éclipſe de
lune, comme ſi le plus bel aſtre après
le ſoleil prenoit part à ſa mort. *Suidas*, au
mot CARNEADE, dit que le ſoleil s’obſcur-
cit au même temps. Ces remarques pou-

---

(1) *Diogene de Laërce*. Tom. I, pag. 288 de la derniere traduction.

voient être de quelque valeur dans
le temps où elles ont été faites ; mais
elles n'ont point de prix aujourd'hui ,
parcequ'on fait que les phénomenes font
des effets du hafard , & que le mouvement & le cours des aftres n'ont aucun
rapport avec la mort d'un homme quelque grand qu'il foit. Le fentiment contraire fent la fuperftition , & une ignorance profonde de l'aftronomie.

Plutarque nous a confervé cette bonne obfervation de notre Philofophe ;
c'eft » que le manege eft la feule chofe
» que les jeunes Princes apprennent
» exactement ; leurs autres maîtres les
» flattent : ceux qui luttent avec eux fe
» laiffent tomber ; mais un cheval ren-
» verfe par terre, fans diftinction de
» pauvre ou de riche, de fujet ou de
» fouverain, les mal-adroits qui les
» montent (1) «.

J'ai dit que le plus célebre difciple de
CARNEADE s'appelloit *Clitomaque*. C'é-
toit un Carthaginois qui vint à Athenes
à l'âge de quarante ans, & qui y étudia
fous notre Philofophe, auquel il fuccéda.
J'ai déja remarqué que ce difciple s'at-

---

(1) *De difcrimine adulat. & amici.*

tacha à commenter les sentences de son maître, & qu'il composa plusieurs volumes.

Ce Philosophe enseignoit, 1°. qu'il y a des choses qui paroissent probables, & d'autres qui ne le sont pas ; que ces dernieres sont en trop petit nombre pour qu'on puisse les distinguer des autres : d'où il suit qu'il n'est pas possible de discerner les vraies des fausses.

2°. Que le Sage doit suspendre son jugement sur toutes choses, puisqu'il n'y a rien de compréhensible ; & lorsqu'il est interpellé de dire son avis, il ne doit ni nier ni affirmer.

3°. Cependant, comme le Sage ne doit pas rester dans l'inaction parmi les choses probables, il faut qu'il se détermine pour celle qui rit plus à son imagination, celle qui le captive davantage.

4°. Que le souverain bien consiste à ne pas séparer les biens honnêtes des autres biens.

5°. Que l'éloquence est un ennemi dangereux qu'il faut bannir des sociétés. *Clitomaque* comparoit les Académies à la lune qui croît & décroit constamment, parceque ces sociétés littéraires ont, ainsi que cette planete, leurs accroissements & leurs décroissements, qu'elles sont tantôt très fréquentées & tantôt abandonnées.

On a écrit que ce Philosophe étoit
athée.

Sa doctrine, à en juger par ses principes, ne s'accordoit point absolument
avec celle de son maître. Aussi ne soutint-il pas long temps la troisieme Académie, dont CARNEADE fut fondateur
par la singularité de ses idées, lesquelles
l'avoient rendu chef d'un nouveau parti.

Clitomaque termina lui-même ses
jours. Etant malade, il tomba dans un
assoupissement qui dura long-temps.
Surpris en s'éveillant de se trouver encore en vie, il s'écria : O mort, tu ne
me tromperas pas davantage ; & sur le
champ il s'étrangla de ses propres
mains (1).

Ainsi finit la troisieme Académie. Un
disciple de *Clitomaque*, nommé *Philon*,
en forma une quatrieme qui n'eut pas
un grand succès : & cela devoit être ;
car, quoique ce Philosophe eût beaucoup de mérite, il n'avoit pas une doc-

____

(1) *Stobæus*, *Serm.* LXVIII.

trine qui pût faire époque, & le mettre par-là à la tête d'une Secte.

Il naquit à Larisse, & professoit la Philosophie en Grece ; mais *Mithridate* ayant porté la guerre dans ce pays, *Philon*, pour en éviter les troubles, se réfugia à Rome, où il s'attira beaucoup d'amis. *Ciceron* en particulier lui rendit toutes sortes de bons offices, & alloit l'écouter avec plaisir.

Ce Philosophe fut secondé dans ses travaux par un Savant, nommé *Charmidas*, lequel avoit beaucoup d'intelligence & une mémoire fort étendue. Il étoit sur-tout grand Moraliste ; & c'est en la morale qu'il faisoit consister toute la Philosophie : en effet il comparoit le Philosophe au Médecin. Celui-ci, disoit-il, commence par persuader à son malade qu'il guérira ; il travaille ensuite à détruire la cause de sa maladie, & lui donne des remedes qui, en le fortifiant, lui rendent la santé. De même le Philosophe doit d'abord inspirer l'amour de la vertu, détruire ensuite les préjugés & les fausses opinions qui sont les maladies de l'ame, & inculquer de bons principes & des préceptes salutaires. Et

comme le Médecin, après avoir guéri son
malade, lui preſcrit le régime qu'il faut
qu'il ſuive pour conſerver ſa ſanté, ainſi
le Philoſophe trace à ſon éleve le plan
de conduite qu'il doit tenir pour bien
vivre avec lui & avec les autres.

Philon eut un diſciple qui, peu content de ſa doctrine, en forma une autre, & fonda ainſi une cinquieme Académie. Il s'appelloit *Anthiocus* : il adopta les opinions des Stoïciens, & ayant
auſſi renouvellé quelques principes de
Xenocrate & d'*Ariſtote*, il ſe donna pour
novateur. Il parloit bien & avec beaucoup de facilité ; & avec ces talents &
ſes connoiſſances, il ſoutint quelque
temps ſon Académie, qui fut la derniere : elle finit la CLXXV olympiade.

Anthiocus eut la gloire de former *Ciceron* & *Atticus*, qui, pendant le ſé-
jour qu'ils firent à Athenes, furent aſ-
ſidus à ſes leçons. Ce fut ici le dernier
éclat que cette belle ville reçut de la
Philoſophie. L'Empereur *Marc Anto-
nin* voulut le faire renaître. Il forma une
nouvelle Académie, nomma des Profeſſeurs, accorda des privileges aux
gens de lettres, & ſe mit à leur tête ;

mais ce nouveau luftre ne fut qu'une lueur paffagere qui dura peu.

Ici fe termine la gloire des Grecs, mais non celle que les anciens ont acquife par l'étude de la morale. Sous *Ptolomée*, fils de *Lagus*, il fe forma à Alexandrie une Académie qui commença fous les aufpices les plus favorables, & de laquelle on avoit tout lieu de fe promettre les plus heureux fuccès. Elle étoit divifée en deux parties, dont l'une s'appelloit Sérapis, & l'autre Iris. L'Auteur de l'Hiftoire critique de la Philofophie en a donné une defcription affez avantageufe pour mériter d'être tranfmife : je n'en garantis pas la fidélité ; mais il eft agreable de fe flatter qu'il a été un temps où on n'a rien oublié pour étendre la fphere des connoiffances humaines de la maniere la plus féduifante.

» Tous ceux qui compofoient cette
» Académie, exempts & dégagés des
» foins importuns de leur fubfiftance,
» demeuroient & mangeoient enfem-
» ble. Un Prêtre, que fon âge & fa
» doctrine rendoient vénérable, en
» gouvernoit l'intérieur. Il jugeoit du
» mérite, & partageoit les travaux lit-

» téraires plus en maître éclairé qu'en
» censeur incommode. Outre un loge-
» ment agréable pour chaque Acadé-
» micien , il y avoit un jardin com-
» mun & une salle d'exercices. On s'y
» rassembloit à certaines heures , & on
» exposoit avec modestie les matieres
» qui avoient besoin d'éclaircissement.
» Les disputes n'altéroient jamais la
» bonne intelligence , & on s'estimoit
» sincérement , quoiqu'on fût d'opinion
» différente (1) «.

Je doute que le dernier trait de cette description soit véritable ; car c'est un fait , que quand le célebre *Ammonius* d'Alexandrie entra dans l'Académie, il la trouva divisée par des disputes futiles. C'étoit un chaos de chicaneries , qui déshonoroit l'Académie. Les disciples de *Platon* & ceux d'*Aristote* se plaisoient tellement à immortaliser leurs querelles , qu'ils corrompoient le texte de ces deux chefs de parti , afin de montrer plus facilement que l'un étoit opposé à l'autre.

____

(1) *Histoire critique de la Philos.* Tom. II , pag. 432. Ed. LVI. Voyez aussi le volume IX des *Mémoires de l'Académie Royale des Inscriptions & Belles Lettres* , pag. 402 & suiv.

Le seul moyen de rétablir le bon ordre, & de contribuer véritablement aux
progrès de la Philosophie , c'étoit de
concilier ces deux partis en les rame-
nant aux dogmes de leur maître. C'est
aussi ce que fit *Ammonius* : il ajouta à
cela un systême de Philosophie exempt
de toute dispute. Elle fut adoptée avec
chaleur par un de ses disciples, qui par
l'étendue de ses connoissances s'acquit
une gloire immortelle.

Il s'appelloit *Plotin* : il commença de
fort bonne heure à paroitre singulier.
A l'âge de huit ans il vouloit encore tet-
ter , & sa nourrice avoit beaucoup de
peine à s'en débarrasser. Lorsqu'il eut
vingt-huit ans , il voulut étudier en
Philosophie : ses parents le menerent
chez plusieurs Professeurs ; mais aucun
d'eux le satisfit. Il revenoit de leurs leçons tout mélancolique. Comme sa passion de s'instruire étoit toujours plus vive , il chercha des maîtres qui ensei-
gnassent quelque doctrine qui fût conforme à son goût , & il n'en trouva
point qui le satisfit davantage que celle
d'*Ammonius*.

Il demeura onze ans de suite auprès
de cet habile homme , & devint un
grand

grand Philofophe. Il le quitta pour fe
rendre à Rome où il profeffa fa doctrine. Parmi fes difciples il s'en trouva
un qui avoit un efprit vif & entrepre-
nant, & qui ne fe payoit que de raifon.
Il ne fe contentoit point de réponfes fu-
perficielles ; il vouloit qu'on approfon-
dît les difficultés, il tenoit quelquefois
fon maître fur les bancs pendant des
jours entiers. On a dit même qu'il difputa
trois jours de fuite avec lui fur la maniere dont notre ame eft unie au corps.

Il y avoit fouvent dans ces difputes
de la confufion ; car la mémoire ne rap-
pelloit pas toujours les queftions inciden-
tes au fujet qu'on traitoit. Pour obvier à
cet inconvenient, *Plotin* réfolut d'écrire
ce qu'il enfeignoit : il compofa ainfi
des livres qu'il divifa en Ennéades. Son
difciple le feconda dans l'arrangement
des matieres : elles avoient pour objet
les fujets les plus abftraits de la Méta-
phyfique.

Sa méthode de compofer étoit d'ar-
ranger dans fa tête tout le plan de fon
ouvrage depuis le commencement jufqu'à la fin. Il écrivoit enfuite tout cet
arrangement fans y rien changer, avec

la même exactitude que si son livre eût
été dans sa tête.

Lorsqu'on venoit l'interrompre pour
quelque affaire , il ne perdoit point de
vue sa composition : il transportoit son
esprit sur cette affaire ; il la discutoit &
la terminoit sans couper le fil de ses idées
scientifiques ; de sorte qu'après le dé-
part de ceux qui l'avoient interrompu ,
il n'avoit pas besoin de lire les dernieres
lignes de son écrit pour les reprendre :
ses idées étoient toujours présentes à
son esprit , & il continuoit d'écrire comme s'il ne fût pas sorti de sa place.

Il est vrai qu'en portant fortement
son attention à son ouvrage , il négligeoit extrêmement son écriture , qui
étoit mal formée & pleine de fautes d'or-
thographe. Il auroit pu suppléer à cela
en revoyant son travail ; mais il ne re-
lisoit jamais ce qu'il avoit écrit.

Il mangeoit peu , & dormoit encore
moins. Il s'échauffoit si fort ainsi , qu'il
en étoit souvent incommodé. On lui
conseilla de prendre des lavements ;
mais il ne crut pas qu'il fût de la bien-
séance & de la gravité d'un Philosophe
d'user de ce remede. Il avoit honte d'ê-

tre logé dans un corps ; & il ne voulut jamais dire ni de quel pays il étoit, ni de quelle famille il fortoit.

Il acquit par fes travaux & l'auftérité de fa vie l'eftime univerfelle des Romains. Plufieurs d'entre eux avoient tant de confiance en fa probité & en fes lumieres, qu'à la veille de leur mort ils lui confioient leurs biens, leurs fils & leurs filles, comme à un Ange tutélaire. Il ne refufoit point cet embarras ; il affiftoit même à la reddition des comptes : enfin, pendant plus de vingt-fix ans qu'il demeura à Rome, il fut l'arbitre de mille procès, & ne fe fit point d'ennemi (1).

On prétend qu'il avoit un efprit familier, ou du moins une fagacité extraordinaire : en voici les preuves que *Bayle* rapporte. » Une veuve fort » honnête femme, qui demeuroit chez » lui avec fes enfants, avoit perdu un » collier : *Plotin* fit venir tous les do- » meftiques ; & les ayant bien confidé- » rés, voilà le voleur du collier, dit-il, » en montrant l'un d'eux. Celui-ci nia » nonobftant les coups de fouets qu'il » eut à fouffrir ; mais enfin il confeffa

____

(1) *Vita Plotini* ; & le *Diction. de Bayle*, art. *Plotin.*

» & rendit le vol. Il prédifoit admira-
» blement la deftinée de fes Ecoliers.
» Il jugea que Polemon feroit d'un
» tempérament amoureux , & ne vi-
» vroit pas long-temps, & on vit arriver
» ces deux chofes : Porphyre avoit def-
» fein de fe tuer , *Plotin* le devina , &
» le fut trouver tout à l'heure , & le
» détourna de cette penfée (1).

Ce Philofophe fut beaucoup incommodé la derniere année de fa vie.
Il eut des ulceres aux mains & aux pieds,
& une grande foibleffe de vue. Il fortit de Rome quand il fe vit dans cet état,
& il fe fit porter chez les héritiers d'un
de fes amis , lefquels eurent grand foin
de lui ; il y mourut l'an deux cent
foixante & dix de J. C. en prononçant
ces paroles : *Je fais mon dernier effort*
pour ramener ce qu'il y a de divin en moi
à ce qu'il y a de divin dans tout l'univers.
Il étoit âgé de foixante-fix ans.

Porphyre a écrit qu'on eut après fa
mort des nouvelles tout-à-fait avanta-
geufes du bon état de fon ame : ce fut
l'oracle d'Apollon qui apprit ces nouvelles , & cela eft bien confolant pour
fes difciples.

---

(1) *Bayle. Ubi fuprà.*

Cela paroît une plaisanterie de la
part de *Porphyre* ; & ce qui donneroit
lieu à le croire , c'est qu'il étoit un peu
satyrique , & qu'il se faisoit un plaisir
de trouver du ridicule dans les choses les
plus sérieuses. On prétend même qu'il
se plaisoit à tendre des pieges ; & lorsqu'il avoit trouvé quelque dupe , il in-
sultoit à sa crédulité.

Cet homme avoit néanmoins beaucoup d'esprit & quelques vertus. Il étoit
Pythagoricien , & partisan déclaré de
l'abstinence & de la vie frugale. Il a
écrit un ouvrage là-dessus , qui contient
une doctrine digne des déserts de la Thé-
baïde : en voici quelques fragments
d'après M. *Morin* , membre de l'Académie Royale des Inscriptions & Bel-
les-Lettres.

» Il y est dit (dans le livre de *Por-*
» *phyre*) que la graisse du corps empoi-
» sonne l'ame , & la détourne de la vie
» bienheureuse ; qu'elle augmente les
» forces de ce que nous avons de mor-
» tel, & nous empêche de tendre à l'im-
» mortalité ; que ceux qui veulent s'u-
» nir avec Dieu , doivent veiller avec
» un grand soin sur la pureté de leur
» corps au-dedans & au-dehors par le

» moyen du jeûne qui affujettit les
» paffions des fens ; qu'une ame qui ré-
» fide dans un corps exténué par une
» vie fobre , demeure incorruptible ,
» & eft beaucoup mieux difpofée à
» remplir fes fonctions fpirituelles ; que
» les perfonnes qui forment le deffein
» de s'attacher à Dieu , doivent avant
» toutes chofes avoir une attention par-
» ticuliere fur leurs aliments , afin que
» ni leur quantité ni leur qualité ne puif-
» fent pas troubler les opérations de
» l'entendement ; que leur foin princi-
» pal doit être de réduire leur corps en
» un petit volume plus aifé à gouverner;
» que s'il nous étoit poffible d'entretenir
» la vie de nos corps fans le fecours
» des chofes corruptibles dont nous
» les rempliffons tous les jours avec
» profufion , & qui contribu ent davan-
» tage à leur deftruction qu'à leur con-
» fervation , nous ferions véritable-
» ment immortels. Oh ! fi nous pou-
» vions trouver ce fecret , rien ne nous
» empêcheroit plus d'entrer dans une
» fociété intime avec ces Efprits bien-
» heureux qui font avec Dieu , & Dieu
» avec nous (1) «.

____

(1) Mémoires de l'Académie Royale des Infcriptions ,

Ces sentiments sont si grands, si spiritualisés, qu'on ne conçoit pas comment ils peuvent être ceux de *Porphyre :* son caractere un peu malin & un peu injuste ne s'accordoit guere avec cette belle morale. Il est vrai qu'on y reconnoît celle de *Plotin* son maître ; & un esprit vif tel que celui de *Porphyre*, peut bien dans un accès d'enthousiasme l'avoir tilisée & épurée comme on vient de le voir.

Quoi qu'il en soit de cette conjecture, ce Philosophe eut un disciple nommé *Jamblique*, qui marcha dignement sur ses traces Et celui-ci forma à son tour d'autres disciples, dont les principaux sont *Sopatre*, *Eustathe*, *Theodore*, *Euphrase* & *Edese*. Ces Savants coopérerent au succès de l'Académie ; mais les guerres continuelles des successeurs d'*Alexandre* le Grand la firent abandonner.

L'Empereur *Claude* essaya de faire revivre les Sciences à Alexandrie, en y fondant une nouvelle Académie, qu'il nomma de son nom Académie Clau-

---

tom. IV, pag. 41. Voyez aussi le *Traité de Porphyre touchant l'abstinence de la chair des animaux*, traduit par M. de Burigni.

dienne. Il ordonna qu'on y lût alternativement les Antiquités d'Etrurie & des Carthaginois qu'il avoit écrites en Grec. Les Empereurs Romains qui lui succéderent, n'eurent rien de plus à cœur que de seconder ses vues. Ils assisterent aux conférences & aux leçons des Professeurs, afin de ranimer leur zele & de le soutenir ; mais cette Académie fut détruite sous l'empire d'*Aurelien*. Il s'en forma dans la suite une autre, où l'on enseigna sur-tout la Médecine avec beaucoup de succès ; il suffisoit à un Médecin d'y avoir étudié, pour être assuré que son habileté ne lui seroit point contestée. On y professoit encore la Philosophie, l'Astronomie, la Législation & la Grammaire, en six cent cinquante, où le Général *Amri* ayant pris Alexandrie, détruisit enfin ce temple de savoir, & avec lui ce beau monument de l'étude des anciens, formé des ouvrages des plus grands hommes de l'antiquité : je veux dire la célebre bibliotheque d'Alexandrie *.

---

* Voyez le *Discours sur la Philosophie ancienne*, qui est à la tête du premier volume de cette *Histoire des Philosophes Anciens*.

C'est ainsi que se termina la gloire de cette grande ville, qui sembloit faire revivre celle qui avoit si illustré Athenes. Leurs Philosophes, comme les Sages de la Grece, vouloient rendre les hommes heureux en leur faisant aimer la vertu & les sciences. Les chefs de chaque Secte, quoique différents de sentiments tendoient tous à ce but. A leur suite & dans leurs écoles on apprenoit à changer les préceptes en exemples, & les discours en actions. Aussi jouissoient-ils de la considération la plus distinguée : leur crédit étoit immense ; car le peuple estime toujours les hommes qui pratiquent les vertus qu'ils prêchent.

Il ne reste plus qu'à écrire l'Histoire des plus célebres Moralistes d'entre les Philosophes qui ont fleuri à Rome, pour compléter celle des plus anciens Moralistes. J'y joindrai la vie de *Confucius*, que tous les Historiens de la Philosophie ont négligée, quoiqu'elle mérite d'être connue, parceque les actions & la doctrine de ce personnage sont dignes de celles des Sages les plus estimés; & c'est par-là que je terminerai la

claſſe des Moraliſtes & des Légiſlateurs
de l'antiquité *.

---

* Je renvoie à la claſſe des Mathématiciens, Phyſi-
ciens & Naturaliſtes, *Thalès*, *Pythagore* & *Ariſtote*, parceque ces Philoſophes ont plus cultivé les ſciences naturelles, que la morale.

Fin du troiſieme volume.

TABLE

DES PHILOSOPHES

Du troisieme Volume.